DEUTSCHES BRANCHENHANDBUCH
FÜR INDUSTRIE UND HANDEL · Lieferung 13

GLAS und FEINKERAMIK

RÜCKBLICK · STAND · AUSBLICK

für Industrie
　　　　Großhandel
　　　　　　　　Einzelhandel

Bearbeitet vom
Ifo-Institut für Wirtschaftsforschung
in Verbindung mit den Fachverbänden von Industrie und Handel

MÜNCHEN · JANUAR 1955

GESAMTREDAKTION
Dr. Wilhelm Marquardt · Edgar Wolf

FACHREFERENT UND BEARBEITER
Dipl.-Volksw. Rudolf Woll

HANDELSREFERENT
Walter Hesse

Alle Rechte vorbehalten. Nachdruck auch auszugsweise nur mit Genehmigung des Herausgebers.
Verlag von Duncker & Humblot, Berlin und München

Vorbemerkung

Die im Februar 1950 herausgegebene Sonderschrift des Ifo-Instituts „Die Industrie Westdeutschlands, Jahresrückblick, Stand, Aussichten für 26 Industriezweige" diente dem Ziele, durch querschnittmäßige Untersuchungen ein möglichst wirklichkeitsnahes Bild der Branchen und Märkte zu gewinnen. Das positive Echo der Wirtschaftspraxis auf diesen ersten Versuch ermutigte uns, die begonnene Arbeit in einem größeren Rahmen und unter Einbeziehung auch des Handels fortzuführen. Im „Deutschen Branchenhandbuch für Industrie und Handel" soll versucht werden, erstmalig nach Kriegsende in einer Gesamtschau einen Überblick über die Struktur aller wichtigen Industrie- und Handelsbranchen in Westdeutschland, ihre Entwicklung in der jüngsten Zeit und die derzeitigen Probleme zu geben. Der Umfang der Arbeiten sowie das Bestreben, die einzelnen Beiträge möglichst aktuell zu halten, ließen eine Veröffentlichung in Einzellieferungen als zweckmäßig erscheinen. Als 13. Lieferung sind in dem vorliegenden Heft *Glas und Feinkeramik* behandelt.

Für die Unterstützung und Förderung unserer Arbeiten am „Deutschen Branchenhandbuch für Industrie und Handel" danken wir insbesondere dem Bundesverband der Deutschen Industrie, dem Gesamtverband des Deutschen Groß- und Außenhandels e.V. sowie der Hauptgemeinschaft des Deutschen Einzelhandels. Wir sind ferner vielen Fachverbänden verpflichtet, die durch Lieferung von Material und gesonderte Beiträge zur Vervollständigung der Darstellung beitrugen.

München, im Januar 1955.

DR. WAGNER

Inhaltsübersicht

GLAS .... D 1

Aus der Geschichte (1) — Vom Holz zur Kohle, Ferngas und Öl (2) — Auswirkungen der Zonentrennung (2) — Regionale Schwerpunkte (3) — Steigende Umsätze und Beschäftigung (4) — Hoher Stand der Produktion (5) — Preisgünstiges Glas (6) — Tafelglas — Schwerpunkt der Flachglaserzeugung (6) — Erzeugnisse der Hohlglasindustrie (8) — Rationalisierungserfolge (11) — Vielseitige Glasverarbeitung (12) — Die Glasveredlung (13) — Die Gablonzer Industrie (14) — Marktstörungen durch Interzonenhandel (15) — Veränderungen im Außenhandel (15) — Ausblick (18) — Der Glas-, Porzellan- und Keramik-Großhandel (18) — Einzelhandel mit Glas, Porzellan und Keramik (19).

FEINKERAMIK .... D 23

Bedeutung (23) — Die Erzeugnisgruppen des feinkeramischen Gewerbes (24) — Dekor-Faktor der Wertschöpfung (28) — Feinkeramik — regional ungleichmäßig verteilt (28) — Kaolin, Ton und Kohle — die Grundlagen (30) — Beschäftigte — Maßstab der Auslastung (32) — Bedarf und Nachfrage (33) — Qualitätsbetonter Export nach dem Kriege (34) — Die Geschirrindustrie (35) — Die Sanitärkeramik (37) — Elektrokeramik (38) — Die Schleifmittelindustrie (38) — Die Wand- und Bodenfliesenindustrie (40) — Ausblick (41).

GLAS

RÜCKBLICK – STAND – AUSBLICK

Vom Ifo-Institut für Wirtschaftsforschung, München.

Abgeschlossen Dezember 1954

Aus der Geschichte

Der Werkstoff Glas blickt auf eine lange Vergangenheit zurück. Über seine Anfänge gibt es verschiedene Hypothesen, ohne daß Endgültiges festgestellt werden könnte. Bald galt Phönizien, bald Ägypten oder neuerdings Mesopotamien als die Urheimat der Glasmacherkunst. Es wird angenommen, daß das älteste bisher gefundene Glasstück der Mitte des 6. vorchristlichen Jahrtausends angehört. Glasfunde aus dem 2. vorchristlichen Jahrtausend lassen erkennen, daß Glas schon fast allen damaligen Kulturvölkern bekannt war.

Der Herstellungsprozeß in der Frühzeit gliederte sich offenbar in eine Vorschmelze („Fritten") und das eigentliche Schmelzen der Masse in einen zähflüssigen Zustand, der eine Verformung durch Kneten über einen Tonkern oder durch Pressen zuließ. Auf diese Weise wurden Perlen, Ringe, Schmucksteine, Edelsteinimitationen und Salbengefäße erzeugt.

Wahrscheinlich haben die ägyptischen Glasmacher bei der Gründung der römischen Glaserzeugung Pate gestanden. Von besonderer Bedeutung wurde die Einführung der vermutlich schon um 250 v. Chr. in Sidon verwendeten Glasmacherpfeife etwa um 20 v. Chr. in den Mittelmeerraum. Der dadurch ermöglichte Aufschwung der römischen Glaserzeugung verbilligte das Glas bedeutend und eröffnete ihm neue Anwendungsgebiete (z. B. Fensterverglasung).

In verschiedenen Kolonialgebieten errichteten die Römer Glashütten, darunter im römischen Germanien, wo eine blühende Glaserzeugung entstand, deren Erzeugnisse später „fränkisches Glas" genannt wurden. Vermutlich in Köln entstanden die „Diatretgläser", die als Spitzenleistungen antiker Glastechnik betrachtet werden.

Einen Höhepunkt der Glasmacherkunst bildeten die venetianischen Glaswaren des 14., 15. und 16. Jahrhunderts. Der Schwerpunkt der venezianischen Glaserzeugung lag auf dem Gebiete des Hohlglases, besonders des Kunstglases (Fadenglas, Eisglas, Flügelglas), doch auch die Fabrikation von Spiegeln wurde zu einem Monopol Venedigs. Gleichzeitig entstanden in Deutschland in den Waldgebieten des Spessart, des Thüringer Waldes, im Fichtelgebirge und in den böhmischen Randgebirgen zahlreiche Glashütten, die ihr Brennmaterial, das Holz, aus dessen Asche gleichzeitig die für die Produktion erforderliche Pottasche gewonnen wurde, den Wäldern entnahmen. Das sogenannte „Waldglas", das diese Hütten erzeugten, enthielt reichlich Pottasche, war deshalb hart und — da Entfärbungsverfahren noch unbekannt waren — grünlich oder bräunlich. Hergestellt wurden Flaschen, Krüge, Humpen, Schalen, Becher und Pokale (der sogenannte „Krautstrunk" als Vorläufer des Römers und schließlich der Römer).

Erst das sogenannte „böhmische Kristallglas" und das in England im 17. Jahrhundert erfundene Bleikristallglas vermochten die Vorherrschaft Venedigs zu brechen. Damals konnte sich die Glasindustrie infolge fürstlicher und staatlicher Förderung beachtlich ausweiten. Zu den bisher bekannten Techniken des Mundblasens und Pressens trat das Gießen von Glastafeln hinzu (Lucas de Nehou, 1688 in Frankreich).

Eine neue Epoche leitete die Erfindung der Regenerativfeuerung (1856) und der kontinuierlichen Glasschmelzwanne durch Friedrich Siemens (1867) ein. Die Glasmacherkunst entwickelte sich auf dieser Grundlage zum industriellen Glasgewerbe. Die etwa seit der Jahrhundertwende einsetzende Mechanisierung der Glaserzeugung und die Einführung technisch-wissenschaftlicher Herstellungsmethoden um die Zeit des ersten Weltkrieges setzten diese Entwicklung fort.

Die nachstehende Tabelle weist aus, daß die Glasindustrie, gemessen an der Gesamtindustrie, ein **nur geringes Gewicht hat.** Ihre Bedeutung steht dazu in keinem Verhältnis, schon deshalb nicht, weil aus rein inländischen Rohstoffen lebensnotwendige Güter mit erheblichem Produktionswert und beträchtlichem Exportanteil erzeugt werden. Dabei dominiert in dieser Industrie der Mittelbetrieb; in der mechanisierten Fertigung von Massenerzeugnissen (Flachglas, Behälterglas) hat jedoch der kapitalintensive Großbetrieb eine erhebliche Bedeutung erlangt.[1]

Die Stellung der Glasindustrie[1] im Rahmen der Industrie
des Bundesgebietes 1953

Bereich	Glasindustrie	Anteil an der gesamten Industrie in Prozent
Beschäftigte[2]	61 228 Personen	1,1
Löhne und Gehälter	225 Mill. DM	1,0
Umsatz	832 Mill. DM	.
Auslandsumsatz	115 Mill. DM	0,8
Nettoproduktionswert 1950[3]	323 Mill. DM	0,8

1) Einschl. Glasverarbeitung und Glasveredlung — 2) Durchschnitt des Standes vom 30. 6. und 31. 12. 1953 — 3) Wert der Produktion ohne Wert des Materialeinsatzes und des Wertes vergebener Lohnarbeiten

Quelle: Industriebericht (Betriebe mit 10 und mehr Beschäftigten)

Vom Holz zu Kohle, Ferngas und Öl

In alter Zeit wurden die Standorte der deutschen Glashütten vor allem nach dem Vorkommen des unentbehrlichen **Brennstoffes** für das Schmelzen des Glasgemenges gewählt, zunächst also nach den **Holzvorkommen.** Die Fundorte der **Rohstoffe** (Sand, Kalk und Soda) waren damals weniger entscheidend, weil der wichtigste unter ihnen — der **Sand** — in Anbetracht der damals geringen Ansprüche[2] an seine Qualität **praktisch überall** anzutreffen war. Die zunehmende Ausbeutung der Wälder einerseits und die Entwicklung der Feuerungstechnik (Generatorgas) andererseits waren Veranlassung zum Übergang auf die Kohlenfeuerung. Nun wurden — gestützt auf reichliche Kohlevorkommen — Glashütten in der Lausitz, im Rhein-Ruhrgebiet, in Mitteldeutschland usw. gegründet. Die reichlich vorhandene Kohle begünstigte die Entstehung der Massenfabrikation von Glas und Glaswaren.

Diese Entwicklung wurde gefördert durch die Entstehung einer Soda erzeugenden chemischen Industrie, durch die Entwicklung feuerfester Steine, die für den Bau großer Glaswannen (bis 1200 t Fassungsvermögen bei einer Temperatur von 1500°) geeignet waren, die Verbesserung der Feuerungstechnik[3] sowie durch die Erfindung vollautomatischer Maschinen für die Flach- und Hohlglasproduktion.

Die Folge war eine Erweiterung der Verwendungsmöglichkeiten und eine enorme Steigerung des Glasverbrauches.

Die Kohleabhängigkeit macht bei den mechanisierten, kontinuierlich arbeitenden Betrieben der Glasindustrie die Orientierung nach den Kohlestandorten verständlich. Da selbsterzeugtes Generatorgas verwendet wird, muß die Kohle für Vergasung geeignet sein. Zum Teil hat man sich aber auch auf Bezug von Ferngas umgestellt. Daneben werden auch Ölfeuerungen verwendet — ein Verfahren, bei dem Ofenkonstruktion und Überwachung des Schmelzvorganges technisch jedoch noch nicht völlig geklärt sind. In Ländern mit billigen Strombezugsmöglichkeiten ist auch die elektrische Voll- bzw. Zusatzbeheizung[4] von Glaswannen anzutreffen. Ob dieses Verfahren für Westdeutschland bedeutungsvoll werden könnte, ist noch ungeklärt.

Auswirkungen der Zonentrennung

Die historische Entwicklung der westdeutschen Glasindustrie hat es mit sich gebracht, daß die Flachglas- und die Hohlglaserzeugung ungleichmäßig auf das Gebiet des Deutschen Reiches verteilt waren. Während in Ostdeutschland etwa die Hälfte der deutschen Hohlglasindustrie lag, überwogen im deutschen Westen die Betriebe der Flachglaserzeugung. Die Zonentrennung brachte deshalb für die Bundesrepublik anfänglich erhebliche Versorgungsschwierigkeiten bei Hohlglas und zwar speziell bei chemisch-technischem Glas und Beleuchtungsglas.

---

1) Charakteristisch hierfür ist, daß im Bundesgebiet Fensterglas von nur drei Unternehmen erzeugt wird, die neben der Deckung des gesamten Bedarfes der Bundesrepublik noch einen nicht unerheblichen Export unterhalten.
2) Heute kommt es für die meisten Glassorten auf weitgehende Eisenarmut an, weshalb Sand mitunter von weither herangeholt werden muß.
3) Zum Beispiel Regenerativfeuerung (Siemens 1856).
4) Glas ist bei hoher Temperatur ein guter Stromleiter und läßt sich widerstandserhitzen. Pressemeldungen zufolge soll dieses Verfahren die gleichmäßigere Erwärmung und Vermischung der Glasmasse gewährleisten. 1952 sollen in Europa schon etwa 100 Glaswannen ganz oder teilweise nach diesem Verfahren gearbeitet haben.

Produktion der deutschen Glasindustrie
nach Besatzungszonen 1944

Gebiet bzw. Zone	Flachglas				Hohlglas	
	Tafelglas		Gußglas			
	1000 t	Prozent[1]	1000 t	Prozent[1]	1000 t	Prozent
Ehemal. Reichsgebiet	183,9	100,0	96,9	100,0	492,5	100,0
davon:						
US-Zone	26,6	14,4	11,7	12,1	29,7	6,0
Franz. Zone	—	—	—	—	21,6	4,4
Brit. Zone	100,0	54,5	59,5	61,4	174,3	35,4
Bundesgebiet[2]	126,6	68,9	71,2	73,5	225,6	45,8
Berlin[3]	37,1	20,2	8,9	9,2	230,9	46,9
Sowj. Zone						
Die vier Besatzungszonen	163,7	89,1	80,1	82,7	456,5	92,7
Gebiete östl. d. Oder/Neiße	20,2	10,9	16,8	17,3	36,0	7,3

1) Basis: Produktion in m² — 2) Einschl. Saargebiet — 3) Alle vier Sektoren

Quelle: *Statistisches Handbuch von Deutschland 1928 bis 1944.*

Von den im Altreich[1]) tätigen 190 Werken der Glasindustrie befanden sich bei der Zonentrennung nur 80 im Gebiet der jetzigen Westzonen, wobei zu diesen Betrieben bedeutende Werke gehörten, so daß deren Kapazität vor allem bei Flachglas größer war als das Produktionsvermögen der in Ostdeutschland verbliebenen Betriebe.

Die Versorgung Westdeutschlands wurde nach dem Kriege zu einem Problem, weil die Bevölkerung der Westzonen durch Heimatvertriebene von 39 Millionen auf 48 Millionen anwuchs, der Nachholbedarf bei Glas und Glaswaren durch die Kriegsfolgen groß war, während ungenügende Kohle- und Sodaanlieferungen die Produktion behinderten.

Der Ausbau der Kapazitäten für Flach- und Behälterglas war dabei im wesentlichen eine Frage der Beschaffung moderner Maschinen und Einrichtungen, weil fast durchweg vollautomatisch bzw. halbautomatisch gearbeitet wird. Der Aufbau von Anlagen für mundgeblasenes Glas, dessen Herstellung und Bearbeitung auf Handfertigkeit beruht (z. B. Wirtschaftsglas, Beleuchtungsglas, Glasgeräte usw.), hing wiederum von der Beschaffung der Fachkräfte ab, die zunächst nicht in genügender Anzahl vorhanden waren[2]). Die enteigneten Unternehmer aus Mittel- und Ostdeutschland sowie aus der Tschechoslowakei und Fachkräfte unter den Heimatvertriebenen halfen diese Schwierigkeiten zu überwinden. So entstanden z. T. mit Hilfe öffentlicher Kredite zahlreiche neue Mittel- und Kleinbetriebe[3]) vor allem zur Herstellung von Hohl- und Spezialglas. Die westdeutsche Glasindustrie ist seit längerem wieder in der Lage, den Inlandsbedarf zu decken und zugleich erheblich zu exportieren.

Regionale Schwerpunkte

Verteilung der Glasindustrie
auf die Länder des Bundesgebietes in Prozent
Stand: Jahreswende 1953/54

Land	Tafelglas	Gußglas	Farbenglas	Spiegelrohglas	Spezialflachglas	Hohlglas	Rohhohlglas
	Basis: m²				Basis: Tonnen		
Schlesw.-Holst.	—	—	—	—	—	1	0
Hamburg	—	—	—	—	—	2	—
Niedersachsen	—	—	—	—	61	19	—
Nordrh.-Westf.	84	74	43	100	0	51	41
Hessen[1]	—	—	5	—	0	2	9
Bayern[2]	16	4	52	—	6	10	41
Baden-Württ.	—	22	—	0	3	7	8
Rheinl.-Pfalz	0	—	—	—	30	8	1
Bundesgebiet	100	100	100	100	100	100	100

1) 1945 befanden sich in Hessen überhaupt keine Glashütten, 1953 waren es insgesamt schon 11 Hohlglashütten u. 1 Flachglashütte — 2) Zu 80% in der Oberpfalz, in Niederbayern u. Oberfranken

Quelle: *Berechnungen des Ifo-Instituts nach dem Industriebericht 1953/54*

Unter den Ländern des Bundesgebietes ragen als Schwerpunkte der Glaserzeugung vor allem Nordrhein-Westfalen und Bayern hervor[4]). Dieses Übergewicht bildete sich nicht erst durch den Neuaufbau von Kapazitäten, sondern hatte schon vorher bestanden. Aus der obigen Übersicht

---
1) Ohne Saargebiet und Gebiete östlich der Oder/Neiße.
2) Es fehlte übrigens zunächst auch an Wohnungen für diese Fachkräfte.
3) Die Wahl der Standorte war allerdings bei diesen Neugründungen teilweise zufallsbedingt, weil sie häufig auf Grund lokaler Gesichtspunkte vorgenommen bzw. durch die Möglichkeit der Kreditbeschaffung bestimmt wurde. Die sudetendeutsche Hohlglasveredlungsindustrie, früher um Steinschönau und Haida konzentriert, ist heute auf vier Gebiete verstreut (Thüringer Wald, Oberpfalz, Hessen und am Nordrand der Eifel). Ähnliches gilt für die ehemalige Gablonzer Industrie.
4) Bei Spezialflachglas auch Niedersachsen.

geht hervor, daß einzelne Länder, wie z. B. Schleswig-Holstein oder Hessen, an der Flachglaserzeugung der Bundesrepublik so gut wie keinen Anteil haben. Bei der Hohlglas- u. Rohhohlglaserzeugung sind Schwerpunkte in Nordrhein-Westfalen, Niedersachsen und Bayern festzustellen.

Nordrhein-Westfalen verdankt sein Gewicht bei Hohlglas dem Preßglas[1]) und seiner Behältererzeugung (z. B. Flaschen). Die Verteilung der Betriebe für geblasenes Wirtschaftsglas (Schleifglas, Kristallglas) ist im Vergleich zur Preßglaserzeugung weit gleichmäßiger. Hier hat wiederum Bayern eine traditionelle Vorrangstellung, gestützt auf seinen dafür besonders unentbehrlichen Facharbeiterstamm[2]). Durch die neuen Kapazitäten wurde diese Stellung Bayerns nur wenig beeinträchtigt. 1945 befanden sich in Westdeutschland 22 Wirtschaftsglashütten, davon 11 in Bayern. 1952 waren es bereits 43, wobei von den 21 neuerbauten Betrieben sieben in Bayern beheimatet sind[3]).

Auf dem Gebiet der Glasveredlung und -verarbeitung sind im Bundesgebiet insgesamt etwa 1000 Betriebe tätig[4]). Hier war der Zuwachs durch Flüchtlingsbetriebe seit Kriegsende besonders groß. Diese Branchen stellen auch den Hauptanteil der auf dem Sektor Glas handwerklich arbeitenden Betriebe.

Von den im September 1950 im Bundesgebiet tätigen 1880 Glasbetrieben arbeiteten 836 oder 44%
handwerklich, darunter 207 als Glasverarbeiter und 623 als Glasveredler; von den im Glasgewerbe beschäftigten 53 743 Personen betätigten sich jedoch nur 3900 oder 7,3% im Handwerk, das sich fast ausschließlich auf Glasverarbeitung und -veredlung konzentriert. Es handelt sich dabei um kleine Betriebe, die im Durchschnitt nur etwa fünf Personen beschäftigen[5]).

Im August 1950 wurden in der Glasindustrie (einschl. Verarbeitung und Veredlung) unter 990 Werken 605 Industriebetriebe mit weniger als 10 Beschäftigten und einer durchschnittlichen Beschäftigtenzahl von rund 6 Personen gezählt. Diese Zahl ist in letzter Zeit zurückgegangen, denn von den im September 1953 gezählten 995 Werken der Glasindustrie hatten nur noch 491 weniger als 10 Beschäftigte, 501 arbeiteten mit mehr als zehn Beschäftigten (Durchschnitt: 12½ Beschäftigte).

Steigende Umsätze und Beschäftigung

Die Beschäftigten der Glasindustrie haben sich im Zuge des Kapazitätsausbaues, der besonders die arbeitsintensive Hohlglasindustrie betraf, seit 1948 verdoppelt[6]).

Beschäftigte und Umsatz der Glasindustrie
(einschl. Glasverarbeitung und -veredlung) in den Ländern des Bundesgebiets

Land	Anzahl der Beschäftigten				Umsatz in Mill. DM			
	1951 30. 6.	1952 30. 6.	1953 30. 6.	Anteil 1953 in Proz.	1951	1952	1953	Anteil 1953 in Proz.
Schlesw.-Holst.	653	630	642	1,1	6,7	6,4	6,6	0,8
Hamburg	593	614	582	1,0	7,2	7,0	8,5	1,0
Niedersachsen	6696	6601	6238	10,4	76,7	74,4	74,5	8,9
Nordrhein-Westf.	21416	21396	22888	38,0	325,4	335,1	403,0	48,5
Hessen	3290	3233	3827	6,4	34,2	37,4	44,0	5,3
Bayern[1])	15293	16603	16739	27,8	166,7	179,1	182,0	21,9
Baden-Württ.	4549	4887	5627	9,4	55,2	63,3	72,3	8,7
Rheinl.-Pfalz	1619	1851	3553	5,9	19,8	24,2	41,2	4,9
Bundesgebiet[2])	54109	55815	60096[3])	100,0	691,9[4])	726,9[5])	832,5	100,0

1) Einschl. Kreis Lindau — 2) Beschäftigte 1950: 42 550 Personen; Umsatz 1950: 495,0 Mill. DM —
3) Darunter rund 6000 in der Hohlglasveredlung — 4) Darunter Hohlglasveredlung: 18,8 Mill. DM —
5) Darunter Hohlglasveredlung: 19,3 Mill. DM

Quelle: Industriebericht (Betriebe mit 10 und mehr Beschäftigten)

Diese Zunahme der Beschäftigten war 1951 und 1953 besonders ausgeprägt und im Lande Rheinland-Pfalz am stärksten[7]). Beschäftigtenzahlen und Umsätze weisen eine deutliche und nur geringfügig schwankende Aufwärtsbewegung auf. Die Unterschiede in der regionalen Verteilung der einzelnen Branchen der Glasindustrie wirken sich in den abweichenden Anteilen der Länder am Umsatz und an den Beschäftigten aus. So stellt Nordrhein-Westfalen infolge seiner hochmechanisierten Flachglasindustrie und auf Massenartikel (Behälterglas) abgestellten Hohlglaserzeugung mit nur gut einem Drittel der Gesamtbeschäftigten etwa die Hälfte des Umsatzes der Glasindustrie (niedriger Lohnanteil infolge Mechanisierung).[8])

---

1) Gleiches gilt für Niedersachsen in bezug auf Behälterglas.
2) Wertmäßig ist der bayerische Anteil an der westdeutschen Hohlglasproduktion deshalb wesentlich größer als sein Mengenanteil.
3) Seit 1945 entstanden im Bundesgebiet 59 Hohlglashütten und 1 Flachglashütte — davon 24 in Nord- und 36 in Süddeutschland.
4) Industrie
5) Auch die von der laufenden Industrieberichterstattung nicht erfaßten kleineren Industriebetriebe dürften sich hauptsächlich in der Glasverarbeitung und Glasveredlung betätigen.
6) In der US- und britischen Zone waren am 30. 6. 1948 in der Glasindustrie knapp 28 000 Personen beschäftigt.
7) Dort wurden 1950 bei einem Umsatz von 12,3 Mill. DM nur 1341 Personen beschäftigt.
8) Der Lohnanteil fällt in der Glasindustrie bei vollautomatischen Fertigungen beträchtlich, während er z. B. bei der Herstellung geblasenen Wirtschaftsglases 50 % und mehr des Ab-Werk-Preises beträgt.

Hoher Stand der Produktion

Der Produktionsindex der Flachglasindustrie lag bereits 1948 zwischen 90 und 100% und im Durchschnitt des Jahres 1949 auf 138% von 1936, während die Hohlglaserzeugung schon 1949 einen Stand von 159% (1936 = 100) erreichte. Die Ursachen für diesen (statistisch gesehen) hohen Stand sind jedoch darin begründet, daß die Produktion im Basisjahr 1936 infolge der relativ geringen Ausnutzung der damals im heutigen Westdeutschland liegenden (Kapazitäten[1]) niedrig war. Der Ausbau von Kapazitäten nach 1945 und steigender Konsum (z. B. in den modernen Bauweisen) kamen noch hinzu. Anderseits lag infolge der Kriegsschäden zunächst ein großer Nachholbedarf vor — während von der Rohstoffseite her geringere Schwierigkeiten bestanden als für viele andere Branchen.

Produktion der Glasindustrie[1])
im Bundesgebiet; 1936 = 100

Industriezweig	Jahr	Vierteljahr			
		I	II	III	IV
Flachglas	1949	121	133	145	155
	1950	143	128	120	172
	1951	169	167	167	182
	1952	155[2])	127	135	170
	1953	150	134	165	203
	1954	194	179	182	.
Hohlglas	1949	149	148	164	177
	1950	161	157	205	217
	1951	219	239	239	233
	1952	224[2])	226	237	214
	1953	212	242	274	260
	1954	269	283	291	.

1) Einschl. Glasverarbeitung und -veredlung — 2) Neuberechnung seit März 1952

Quelle: Industriebericht (Betriebe mit 10 und mehr Beschäftigten)

Wenn der Produktionsindex der Hohlglasindustrie verglichen mit dem der Flachglasindustrie seit 1948 stärker stieg, so äußert sich hierin, daß nach 1945 vor allem die Hohlglaskapazitäten in der Bundesrepublik ausgebaut bzw. ergänzt wurden. Analysiert man die Ursachen der Nachfrageentwicklung nach Glas, so ergibt sich folgendes Bild:

Flachglas	Hohlglas
Währungsumstellung bis Beginn des Koreakrieges	
Beseitigung der vordringlichsten Kriegsschäden. Zunehmende Nachfrage der Industrie nach Flachglaserzeugnissen.	Nachholbedarf der Nachkriegsjahre. Gesteigerte Verwendung von Behälterglas. Zunehmender Verbrauch von Flaschenbier und Flaschenmilch.
Vom Beginn des Koreakrieges bis Ende 1951	
Dringlichste Glasschäden des Krieges beseitigt. Belebung der Bautätigkeit seit 1950. Zunehmende Verwendung von Glas als Baustoff.	Vorratskäufe von Industrie und Handel. Abschwächung der Privatnachfrage nach Konservenglas. Belebung des Exports, Steigerung der Ansprüche an die Qualität der Ware.
1952	
Nachholbedarf im Rahmen des Wiederaufbaus größtenteils gedeckt. Rückgang der Nachfrage nach Fensterglas. Normalisierung des Marktes durch Angleichung des Angebots an die Nachfrage. Auslandsnachfrage aus gleichen Gründen rückläufig (zugleich Folge der Autarkiebestrebungen früherer Abnehmerländer). Preiserhöhungen infolge schlechter Kapazitätsauslastung vor allem bei Fensterglas.	Produktion der ausgebauten Kapazität kommt zum Tragen. Erhöhtes Angebot bei zunehmender Marktsättigung. Leichter Lagerabbau im Einzelhandel — z. T. kompensiert durch Ausweitung des Exports trotz steigender Konkurrenz. Saisonrhythmus wieder spürbar (z. B. bei Getränkeflaschen).

1) Kapazitätsausnutzung 1936: Flachglas ca. 68%; Hohlglas ca. 50%.

Flachglas	Hohlglas
1953	
Gleichgewicht zwischen Angebot und Nachfrage. Günstige Auswirkungen der gesteigerten Bautätigkeit. Wieder größere Auftragseingänge aus dem Ausland.	Käufermarkt. Normalisierung der Marktverhältnisse. Wegen Kapitalmangel Lageraufstockung beim Einzelhandel noch nicht wieder normal. Nachfrage nach Spezialerzeugnissen der Hohlglaserzeugung befriedigend.

Preisgünstiges Glas

Vergleicht man die günstige Entwicklung der Produktion seit der Währungsumstellung mit der Preisentwicklung, dann fällt das im Vergleich zu anderen Industriegruppen niedrige Preisniveau für Glas und Glaserzeugnisse auf. Im Jahre 1953 lagen die Erzeugerpreise der Glasindustrie bei 155% (1938 = 100), während die Preise der feinkeramischen Industrie 208%, der Holzverarbeitung 206%, der Schuhindustrie 228% und der Bekleidungsindustrie 172% erreicht hatten.

Material- und Lohnkostensteigerungen in der westdeutschen Glasindustrie
Stand: Mitte 1954

Kostenart	Index 1939 = 100
Schmelzsand	200
Soda	167
Kalkstein	280
Kohle	325
Briketts	268
Holz	231
Löhne[1]	222

1) Einschl. sozialer Abgaben

Quelle: Fachverband Flachglasindustrie e.V., Düsseldorf

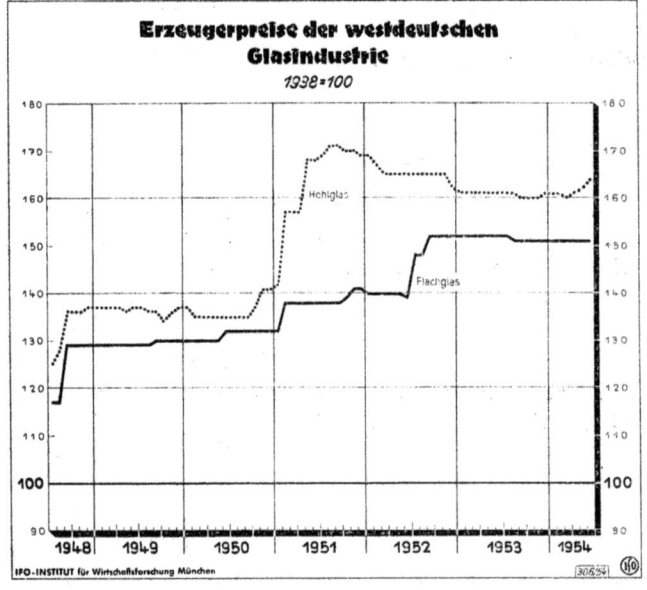

Wesentlich für den geringen Anstieg der Preise für Glas und Glaswaren dürften die Auswirkungen der Rationalisierungsmaßnahmen der Werke sein. In der Glasindustrie besteht zwischen Flach- und Hohlglas insofern ein Unterschied, als bei Flachglas — darunter vor allem bei Tafelglas — durch die geringere Anzahl von Betrieben die Preisentwicklung ruhiger verlief als in der firmenmäßig und erzeugnismäßig viel differenzierteren Hohlglasindustrie (s. Schaubild Erzeugerpreise der westdeutschen Glasindustrie).

Tafelglas – Schwerpunkt der Flachglaserzeugung

Die Produktion der Glasindustrie gliedert sich in die drei Gruppen: Hüttenerzeugung, Glasverarbeitung und Glasveredlung; sie ist außerordentlich vielgestaltig (s. Tabelle: Struktur der westdeutschen Glaserzeugung 1952/53).

Die größte Gruppe der Flachglaserzeugung bildet das Tafelglas[1] (s. Tabelle). An weitaus erster Stelle steht hierbei das Fensterglas, dessen Produktion 9/10 der Tafelglaserzeugung ausmacht. Der Fensterglaskonsum ist in den letzten Jahrzehnten durch die modernen Bauweisen stark gestiegen, er wird zusätzlich durch die lebhafte Bautätigkeit in Westdeutschland gefördert.

1) Man unterscheidet *Dünnglas* (0,6 bis 1,8 mm stark), *Fensterglas* (1,8 bis 3,8 mm) und *Dickglas* (über 4 mm) (vgl. DIN 1249; Tafelglas).

Struktur der westdeutschen Glaserzeugung 1952/53

Erzeugnisgruppe bzw. Erzeugnis	Mengenanteil an der Gesamtproduktion in Prozent	Zusammensetzung nach Sorten (in Klammern Mengenanteil der betr. Sorte am Erzeugnis in Prozent)
Hüttenerzeugung insgesamt	100,0	
davon:		
Flachglas	37,6	
dav.:		
Tafelglas	19,2	0,6—1,7 mm *(3,2)*; 1,8—3,8 mm *(89,3)*; 4,0—7,0 mm *(7,5)*.
Gußglas, naturfarbig, Drahtglas	9,4	bis 4 mm *(44,3)*; über 4 mm *(15,5)*; Drahtglas *(40,2)*.
Farbenglas	1,4	
Spezialflachglas	0,4	opt. Rohglas; Brillenrohglas; Schutzbrillen-, Deck-, Filter-, Rippenglas usw.
Spiegelrohglas	7,2	
Hohlglas	58,0	
dav.:		
Getränkeflaschen	36,5	grüne Fl. *(51,0)*; braune Fl. *(10,4)*; halbweiße Fl. *(6,0)*; weiße Fl. *(29,6)*; sonst. Fl. *(3,0)*.
Konservenglas	7,1	Haush. Konserv. Gläser *(48,1)*; Zubinde- u. Geleegl. *(9,0)*; Honig- u. Marmeladegl. *(24,7)*; Industriekons.-Flaschen *(4,7)* sonst. Konserv. Gläser *(13,5)*.
Verpackungs- und Medizinglas	6,2	Verpack. u. Medizinfl. *(90,9)*; Eng- u. Weithalsfl. *(5,3)*; Homöopathengläser *(2,4)*; Tropfgläser *(1,4)*.
Wirtschaftsglas (einschl. Kelchglas)	5,0	geblasen *(48,1)*; gepreßt *(51,9)*.
Bleikristall (einschl. Kelchglas)	0,6	geblasen *(55,9)*; gepreßt *(44,1)*.
Hohlglas für Laboratorien und Krankenpflege	0,2	
Bau- und sonst. techn. Hohlglas	1,4	Bauhohlglas wie Glasbausteine, Betonglas, Glasdachziegel, Akkumulatorengläser usw.
Beleuchtungsglas	1,0	Elektrobeleucht. Glas *(93,3)*; Petroleum- und Gasbeleuchtungsglas *(5,9)*; Kristallleuchtenteile *(0,8)*.
Rohhohlglas	1,8	Rohglas f. d. Elektroind. *(21,1)*; Rohglas f. Glaskurzwaren *(24,1)* Rohglas f. Glasgespinsterzeugn., Glasbläserei usw. *(54,8)*.
Glasfasern u. Glasseide	2,6	

Als sogen. „Gartenblankglas" wird Fensterglas auch bei Gewächshäusern und Frühbeeten angewendet. Dünnglas ist erforderlich für die Herstellung von Trockenplatten für medizinische und technische Zwecke. Dickglas wird sowohl im Hochbau als auch für Schaufensterverglasung benötigt. Die Bearbeitung von Tafelglas durch Schleifen, Belegen, Biegen, Wölben, Verbinden (Verbundglas[1]) als Sicherheitsglas z. B. für Kraftfahrzeuge) eröffnet ihm weitere Verwendungsmöglichkeiten.

Tafelglas wird meist nach dem Verfahren von Fourcault, dem Libbey-Owensverfahren bzw. nach dem Pittsburghverfahren hergestellt, bei denen aus der Glasschmelze ein Glasband herausgehoben wird, so daß eine anfangs leicht fließende, dann rasch erstarrende Glasfläche entsteht[2]).

Gußglas wird verwendet, wo Durchsichtigkeit unnötig oder unerwünscht und Lichtdurchlässigkeit gefordert ist, vorzugsweise bei der Verglasung von Industriebauten, Bahnhöfen, in Schulen und Krankenhäusern, aber auch im Wohnungsbau und in der Landwirtschaft. Als Kathedral- und Gußantikglas wird es weiß oder farbig — vor allem in kirchlichen Bauten — verwendet. Wo besonders große Festigkeiten erforderlich sind, wird Gußglas mit Drahtarmierung (Drahtglas) eingesetzt. Außerdem eignet sich bearbeitetes Gußglas als Material für Auflagezwecke, Leuchten sowie sonstige Anwendungsgebiete der Glasveredlung.

Nach dem älteren Verfahren wird Spiegelrohglas in Häfen erschmolzen, die vor einem Walzensystem entleert werden, das die Glasmasse zu Tafeln auswalzt und in Kühlkanäle weitergibt. Anschließend entsteht durch Schleifen und Polieren der Oberflächen das eigentliche Spiegelglas. In jüngerer Zeit ist in einzelnen Werken dieses Erzeugungsverfahren auf einen kontinuierlichen Arbeitsablauf umgestellt worden. Spiegelglas wird für alle Verwendungsgebiete des Flachglases — z. B. für Schaufenster, Gebäudefenster, Ladeneinrichtungen, zur Inneneinrich-

---

[1]) Das Verbundglas ist ein Sicherheitsglas, bei dem 2 oder mehrere Glasschichten durch elastische Zwischenschichten miteinander verbunden werden.
[2]) Bei Fourcault und Pittsburgh wird das Glasband senkrecht, bei Libbey-Owens nach Umbiegen über eine Metallwalze waagerecht gezogen. Tafelglas wird in Spezialqualitäten aber auch durch Mundblasen erzeugt.

tung, in der Spiegelindustrie, der Fahrzeug- und Möbelindustrie gebraucht. Vorgespanntes Spiegelglas wird als Einschichten-Sicherheitsglas vor allem im Fahrzeugbau verwendet.[1]

Beachtlich ist der Aufschwung des Spezialflachglases[2]. Hier waren insbesondere bei optischem Rohglas infolge der Zonentrennung die Neuinvestitionen erheblich. Seit 1945 ist die Produktion auf über 5000 t gestiegen und der Bedarf im Inland kann damit befriedigt werden. Außerdem ist in dieser Gruppe das Farbenglas wichtig (Signalflachglas, Echtantik- und Neuantikglas).

Erzeugnisse der Hohlglasindustrie

In der Hohlglasindustrie ist die Produktion von Getränkeflaschen stark gestiegen (Flaschenbier, Flaschenmilch). Die Erzeugung von Getränkeflaschen betrug 1936 im Deutschen Reich 245 Mill. Stück; 1952 wurden allein in Westdeutschland 643 Mill. Stück produziert. Getränkeflaschen sind Saisonartikel, mit dem Hauptabsatz in den Sommermonaten. Der Saisonrhythmus war in den ersten Nachkriegsjahren völlig verschwunden, setzte aber Ende 1952 deutlich wieder ein, was sich zunächst im Anwachsen der Lagerbestände äußerte.

Die Getränkeflaschenindustrie ist heute vorwiegend vollautomatisiert. Die Rationalisierung der Werke — vorwiegend ein Kapitalproblem — ist noch im Fluß.

Westdeutsche Glasproduktion
(Hüttenerzeugung) nach Sorten

Erzeugnisgruppe / Erzeugnis	1951		1952		1953	
	1000 t	Mill. DM	1000 t	Mill. DM	1000 t	Mill. DM
Flachglas	396,4[1]	160,2[2]	318,0[1]	152,2[2]	394,4[1]	182,9[2]
davon:						
Tafelglas (naturfarbig)	219,9	78,8	165,8	68,6	197,4	84,4
Gußglas (naturfarbig); Drahtglas[3]	96,4	34,4	88,9	33,0	88,0	35,5
Spiegelrohglas	66,4	.	45,3	.	91,0	.
Spiegelglas[4] aus Spiegelroh- und Tafelglas	(1,2)[5]	22,9	(1,2)[5]	19,9	(2,6)[5]	39,1
Farbenglas	9,3	7,3	12,6	10,5	14,8	11,9
Spezialflachglas	4,4	16,9	5,3	20,2	3,3	11,9
Hohlglas	534,5	320,2	531,3	355,1	567,1	365,3
davon:						
Getränkeflaschen, Syphons, Kannen und Krüge	(590,1)[6]	118,3	341,6	136,1	349,8	134,0
Konservenglas	(160,6)[6]	37,6	62,9	32,3	72,4	27,3
Verpackungs- und Medizinflaschen			48,8	41,3	58,7	46,3
Eng- und Weithalsflaschen	58,3	49,2	2,9	2,6	3,2	3,1
Homöopathengläser			1,3	1,9	1,3	2,0
Tropfgläser			0,8	1,1	1,1	1,7
Wirtschaftsglas	47,2	77,7	49,4	99,0	55,1	109,6
Hohlglas für Laboratorien und Krankenpflege	2,2	6,8	2,0	6,6	2,1	7,6
Bau- und sonst. techn. Hohlglas	.	30,6	12,0	12,8	13,9	11,9
Beleuchtungsglas			9,6	21,4	10,0	21,8
Rohhohlglas	18,9	33,8	15,5	30,8	19,4	36,9
davon:						
für Elektroindustrie	7,2	14,9	3,0	9,7	4,4	12,9
für Glaskurzwaren und sonst. Rohhohlglas[7]	11,7	18,9	12,5	21,1	15,0	24,0
Glasfasererzeugung	.	16,4[8]	20,6	18,1[8]	27,2	27,0[8]

1) Ohne Spiegelglas — 2) Ohne Spiegelrohglas — 3) 1949: 122 203 t; 1950: 107 573 t — 4) Spiegelglas = Tafelglas mit geglätteter Oberfläche — 5) Mill. m² — 6) Mill. Stück — 7) Rohhohlglas für Glasgespinste, Glasbläserei und sonstige Weiterbearbeitung — 8) Einschließlich Verarbeitung

Quelle: Industriebericht (Betriebe mit 10 und mehr Beschäftigten)

Die Preisentwicklung für Getränkeflaschen ist unter dem Einfluß der Mechanisierung und des starken Wettbewerbs der Produzenten seit 1952 rückläufig gewesen.

Die Getränkeflaschen bilden den wichtigsten Teil des sogenannten Behälterglases, zu dem alle Glaswaren gehören, die der Verpackung, Konservierung und Aufbewahrung dienen. An zweiter Stelle rangieren die Medizin- und Verpackungsgläser, also Behältergläser für pharmazeutische, technische und kosmetische Produkte sowie für Nahrungs- und Genußmittel.

---

1) Es handelt sich beim Einschichten-Sicherheitsglas um Glas, das durch Abschrecken nach Wiedererwärmung vorgespannt wird, so daß es bei Bruch in Krümel zerfällt.
2) Optisches Rohglas, Brillenrohglas, Deckglas, Schutzbrillenglas, Röntgenschutzglas, Filterglas usw.

Dann schließen sich Konservenglas[1]) und Großglas (Ballons, Demijohns) größenordnungsmäßig an. Neben dem Vollautomaten wird bei Medizin- und Verpackungsglas der Halbautomat noch häufig verwendet. Regional besteht insofern ein Unterschied, als die erste Gruppe in Nordrhein-Westfalen und Niedersachsen konzentriert ist, während die Medizin- und Verpackungsglaserzeugenden Betriebe über das gesamte Bundesgebiet gestreut sind. Wenn in Westdeutschland der Glasverbrauch der Bevölkerung von 13 kg je Kopf im Jahre 1936 auf 18 kg je Kopf im Jahre 1952 stieg, dann ist dies zu einem erheblichen Teil auf die steigende Nachfrage nach Behälterglas zurückzuführen[2]).

Bei Wirtschaftsglas, ebenfalls zur Gruppe der Hohlglaserzeugung gehörend, steht die Handarbeit stärker im Vordergrund, obwohl zahlreiche Artikel maschinell geblasen oder gepreßt werden. Hier herrscht, bedingt durch die Einflüsse des sich wandelnden Geschmacks, der Mode und des künstlerischen Empfindens, eine große Vielfalt von Formen und Mustern vor.

Unter Wirtschaftsglas versteht man Glaserzeugnisse, die dem täglichen Gebrauch und der Zierde in Haushalten, Gaststätten und Hotels dienen. Man unterscheidet gepreßtes Wirtschaftsglas (Preßglas), geblasenes Wirtschaftsglas (Schleifglas bzw. Kristallglas) und Bleikristallglas[3]) (geblasen oder gepreßt); bei geblasenem Wirtschaftsglas hat das Kelchglas einen großen Anteil.

Soweit Wirtschaftsglas gepreßt wird, handelt es sich teils um eine vollautomatische, hauptsächlich in Nordrhein-Westfalen konzentrierte Fertigung, teils um halbautomatische Erzeugung. Bei dem in Bayern stark vertretenen Schleifglas, Kristallglas und Bleikristallglas herrscht die Handfertigung bei Formgebung und Veredlung vor und dominiert der Mittelbetrieb. Gerade in dieser Branche hat Westdeutschland durch den Flüchtlingszustrom zahlreiche Fachleute aus Mittel- und Ostdeutschland und dem Sudetenland aufgenommen. Hier sind besonders oft Neugründungen von Betrieben erfolgt, wodurch sowohl das Sortiment als auch der Export der westdeutschen Glasindustrie merklich stiegen. Heute sind in Westdeutschland etwa 10 000 Personen allein mit der Produktion und Veredlung von Wirtschaftsglas beschäftigt.

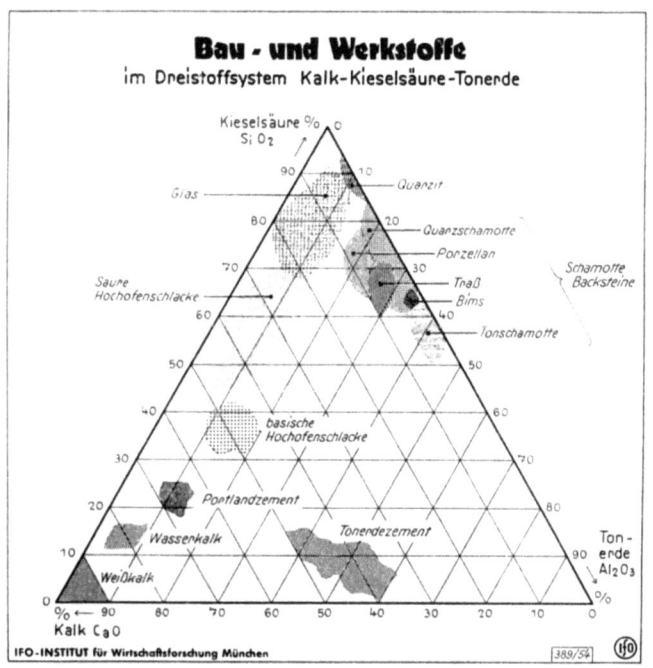

Die Produktion von Bau- und sonstigem technischen Hohlglas ist seit 1950 um 40 bis 50 % gestiegen. Es handelt sich hierbei um Glaserzeugnisse für Bauzwecke — wie Glasbausteine, Betongläser, Glasdachziegel usw. Diese Art von Hohlgläsern findet im Bauwesen immer stärker Eingang, teils zur Errichtung stehender Lichtdurchlässiger Außen- und Innenwände, teils für die Herstellung begeh- und befahrbarer Decken, Oberlichten und dergl. Industriebauten, Krankenhäuser, Verwaltungs- und Wohngebäude bieten ebenfalls häufig Anwendungsmöglichkeiten.

Die Verwendung des Hohlglases für Bauzwecke ging, fußend auf den Erfahrungen bei der Herstellung von Gefäßen aller Art aus Preßglas, von den USA aus[4]). Seit der Zeit vor dem zweiten Weltkrieg dürfte sich der Verbrauch von Bauhohlglas in Westdeutschland gegenüber dem Konsum des Deutschen Reiches mehr als verzehnfacht haben.

Rohhohlglas ist ein Sammelbegriff für Röhren, Stangen, Stäbe, Kolben usw. für verschiedenste Zwecke. Es handelt sich hier um die hüttenmäßig erzeugten Ausgangsprodukte für die Elektroindustrie (Glühlampen usw.), für die Glaskurzwarenherstellung (z. B. Stangen für Gablonzer Waren) sowie für die Glasgespinsterzeugung, für die Glasbläserei vor der Lampe und andere Verarbeitungszwecke. Die Erzeugung von Rohhohlglas ist seit 1949 von 22 Millionen DM auf etwa 36 Millionen DM angewachsen.

---
1) Bei Einkochgläsern gab es vor dem letzten Kriege etwa 80 verschiedene Größen und Typen; während des Krieges blieb das Angebot notgedrungen auf zwei bis fünf Typen beschränkt. Inzwischen ist das Sortiment jedoch wieder auf ca. 80 Modelle angewachsen. Diese Mannigfaltigkeit erschwert die Automatisierung der Produktion bedeutend.
2) Zum Vergleich: Der Glasverbrauch der Vereinigten Staaten im Jahre 1952 betrug 40 kg je Kopf der Bevölkerung. Allerdings wird dort der Glasbehälter in der Konservenindustrie viel häufiger gebraucht (Slogan: see, what you buy — buy, what you see).
3) Bleihaltiges Glas ist weicher als Kalkglas und eignet sich deshalb besonders für Schliff und Schnitt. Glas ist echtes Bleikristallglas, wenn es mindestens 18 % Bleioxyd enthält. Bei einem Gehalt von 5—18 % Bleioxyd wird es als Halbbleikristallglas bezeichnet.
4) Ende des 19. Jahrhunderts.

Die Hohlglaserzeugung für Laboratorien und Krankenpflege ist in der Bundesrepublik durch die Neuerrichtung von Produktionsstätten in Mainz, Wertheim a. M. usw. stark vertreten. Bis zum zweiten Weltkrieg war Thüringen die Heimat dieses Zweiges der Glasindustrie. Laborgeräte, medizinisch-chirurgische Glaswaren usw. werden nur zum Teil hüttenmäßig erzeugt. In der Regel liefern die Hütten das Ausgangsprodukt in Form von Röhren und Rohgläsern, die von glasverarbeitenden Betrieben weiterbehandelt werden. Für thermisch und chemisch widerstandsfähige Gläser wurden Spezialerzeugnisse entwickelt (z. B. das Geräteglas 20 oder das Duranglas 50), die hohen Anforderungen entsprechen.

Die Verfahren, Sondergläser herzustellen, sind nicht alt. Die ersten Sondergläser wurden von Dr. Otto Schott (geb. 17. 12. 1851) hergestellt, der auf der Suche nach optisch brauchbarem Glas 1879 Versuche unternahm, „die Eigenschaften der Glasmaterie durch die chemische Zusammensetzung . . . zu ändern"[1].

Die Produktion von Glas für Beleuchtungszwecke war unmittelbar nach dem Zusammenbruch ein Engpaß in Westdeutschland, dessen Beseitigung jedoch schon nach wenigen Jahren gelang. Neben das hüttenmäßig erzeugte Beleuchtungshohlglas, das zum erheblichen Teil entweder im eigenen Betrieb oder von selbständigen Veredlungsbetrieben weiterbearbeitet wird, ist in neuerer Zeit gebogenes oder auf sonstige Art bearbeitetes Flachglas getreten, begünstigt durch die zunehmende Verwendung von Neonröhren usw. Aus dem Sudetenland ist die Herstellung von Kristall-Leuchten (Lüstern) nach Westdeutschland gekommen, eines guten Exportartikels.

Im Jahre 1953 erreichte die Herstellung von Beleuchtungsglas einschl. Veredlung den Wert von etwa 30 Millionen DM.

Ein jüngeres Verwendungsgebiet für Glas ist die Isolationstechnik. Glas hat an sich eine hohe Zerreißfestigkeit; zur Glasfaser ausgezogen, steigt diese Festigkeit relativ zur Faserfeinheit noch erheblich. So entsteht eine Faser, die nicht fault und unverbrennbar, temperaturbeständig und ein schlechter Leiter von Elektrizität und Wärme ist.

Dieses Fasermaterial läßt sich — zu Matten oder Bündeln vereinigt — für die Bauisolierung verwenden, d. h. für die Isolierung gegen Wärmeverlust und Schall[2]. Auf thermischem und akustischem Gebiet wird dabei die nicht spinnbare Glasfaser[3], bei der elektrischen Isolation dagegen eine feinere spinnbare Glasfaser[4] eingesetzt.

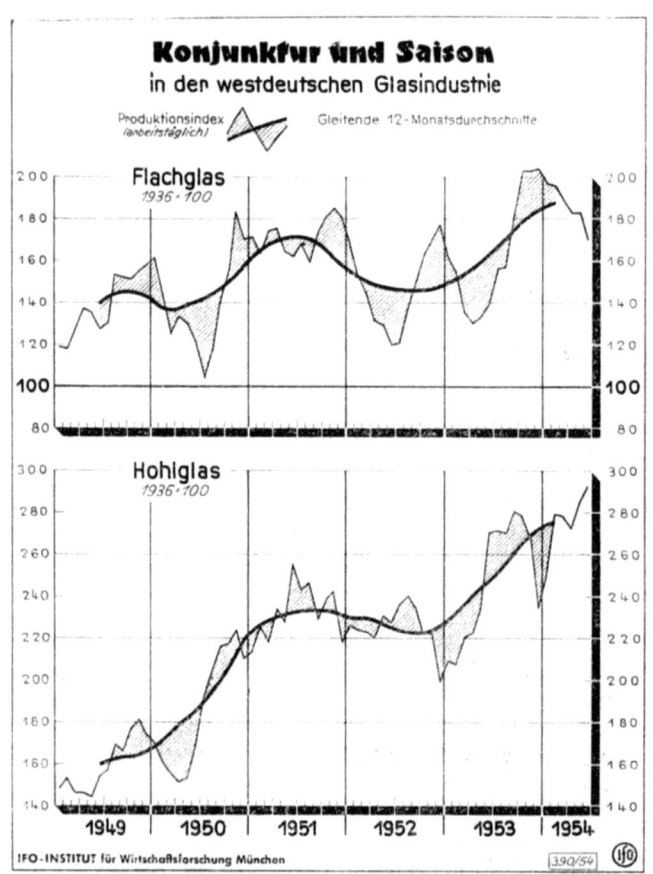

Die sogenannte Textilglasfaser wird entweder als Stapelfaser aus einem Vorgarn von Fasern endlicher Stapellänge erzeugt oder als Seide in Form endlos gezogener Glasfäden. Man kann sie zu Glasseidenbändern und -schläuchen mit oder ohne Präparierung mittels Isolierlack verzwirnen, verweben und verflechten. Die Glasstapelfaser kann auch als Ersatz von Asbest dienen. Durch Tränkung mit Kunstharzen werden besonders vielseitig anwendbare Isoliergewebe aus Glasfasern und feuerfeste Glasfasergewebe für Vorhänge und Tapeten hergestellt.

Die Produktion von Glasfasern war im Bundesgebiet schon 1950 mit 11 000 t um die Hälfte höher als im Deutschen Reich 1938. Sie stieg bis 1952 auf 21 000 t. Da die Verwendungsmöglichkeiten noch nicht ausgeschöpft sind, kann man mit Produktionssteigerungen auch in Zukunft rechnen.

---

[1] Vor allem fand Schott, daß durch Beimengung seltener Erden und Elemente die Glaseigenschaften weitgehend gesteuert werden können.
[2] Außenwände, Kessel, Kühlhäuser, Kühlschränke.
[3] Durchmesser 10—30 μ
[4] Durchmesser 2—10 μ

Rationalisierungserfolge

Die Glasproduktion weist sowohl bei Flachglas als auch bei Hohlglas jeweils im Herbst (Aug., Sept., Okt., Nov.) eine saisonale Spitze auf[1] (siehe Schaubild), die bei Flachglas sich normalerweise bis in das erste Quartal des nächstfolgenden Jahres erstreckt, während bei dem größten Teil des Hohlglases das Tief bereits in den letzten Monaten des Jahres einzusetzen pflegt. Der Trend der Produktion zeigt die allmähliche Abdeckung des Nachholbedarfes bei Flachglas seit Mitte 1951 durch leichte Rückläufigkeit deutlich an[2]. Bei Hohlglas ist das Abflauen der Koreakaufwelle am Trend der Produktion ebenfalls zu erkennen, — doch setzte dort zur Jahreswende 1952/53 eine neue Aufwärtsentwicklung ein.

Zur Ertragslage der Glasindustrie im Bundesgebiet

Bezeichnung der Kennziffer	1950	1951	1952	1953
	Monatsdurchschnitte in DM			
Umsatz je Beschäftigten	946	1076	1085	1149
Umsatz je Beschäftigten preisbereinigt 1950 = 100	946	941	924	986
Löhne und Gehälter je 1000 DM Umsatz	276	273	281	272
Lohnkosten je geleistete Arbeiterstunde	1,25	1,41	1,46	1,51

Quelle: Industriebericht (Betriebe mit 10 und mehr Beschäftigten)

Produktion der westdeutschen Glasverarbeitung

Branche bzw. Erzeugnis	1952		1953	
	Mill. Stck.	Mill. DM	Mill. Stck.	Mill. DM
Glasbläserei	.	34,4	.	40,7
davon:				
Glasinstrumente:	13,6	16,2	24,7	18,5
und zwar:				
Laboratoriumsgeräte	9,3	7,8	18,1	7,5
Fieber- und sonst. Thermometer	1,5	5,8	2,7	8,3
Aräometer	0,3	0,5	0,3	0,4
Sonst. chirurg. Glaswaren . .	2,6	2,1	3,6	2,2
Isolierflaschen, -gefäße	1,6	5,3	1,6	5,2
Reagenzgläser	9,8	0,5	9,6	0,5
Chem. pharm. Glaswaren . . .	480,1	12,3	636,4	16,6
und zwar:				
Tablettengläser	117,7	2,3	146,1	2,8
Ampullen	220,9	5,1	291,3	5,9
Vor der Lampe geblasene Flaschen	118,9	2,9	174,2	5,3
Apparate	0,2	1,0	0,5	1,6
Sonstige Glaswaren	22,4	1,1	24,2	0,8
Glaskurzwaren	.	31,3	.	33,1
davon:				
Rückstrahler	.	4,7	.	3,8
Glasknöpfe	168,5	4,8	261,8	5,9
Glasschmuck	.	18,0	.	19,0
Isolatoren, Diamantine und Glasglimmer	.	2,3	.	2,1
Sonstige Kurzwaren				
Kristalleuchtenbehang	(195)[1]	1,5	(293)[1]	2,4
Sonstiges verarbeitetes Glas	.	4,8	.	5,6
davon:				
Wasserstands- und Meßgläser . .	0,4	0,3	1,2	0,6
Sonstiges bearbeitetes Glas . . .	.	4,5	.	5,0

1) In Tonnen — Bemerkung: Summendifferenzen sind durch Auf- bzw. Abrundungen verursacht

Quelle: Industriebericht (Betriebe mit 10 und mehr Beschäftigten)

---

1) Diese Saisonbewegung ist allerdings branchenweise recht unterschiedlich.
2) Siehe Kurve der gleitenden 12-Monats-Durchschnitte bei Tafelglas im Schaubild.

In der Tabelle „Zur Ertragslage der Glasindustrie ..." werden die Resultate der seit 1945 durchgeführten Rationalisierung der Betriebe der westdeutschen Glasindustrie sichtbar. Der Ausbau mußte hauptsächlich durch Eigenmittel bezahlt werden, Kredite standen hierfür nur beschränkt zur Verfügung.

Trotz steigender Beschäftigtenzahlen nahm der Umsatz je Beschäftigten von Jahr zu Jahr zu; trotz steigender Lohnkosten schwankte die Relation „Löhne und Gehälter : Umsatz" nur unwesentlich. Auch der Mengenumsatz je Beschäftigten — der von 1950 bis 1952 um 2% abnahm — erreichte 1953 wieder 104% des Standes von 1950. Neben den Rationalisierungsmaßnahmen dürfte dieses Ergebnis u. a. der bisher guten Auslastung der Kapazitäten zu danken sein.

Vielseitige Glasverarbeitung Die Glasverarbeitung ist ein vielseitiger Produktionszweig. Die Schwerpunkte liegen in der Herstellung von Instrumenten, chemisch-pharmazeutischen Glaswaren und Glaskurzwaren.

Produktionsstruktur der Glasverarbeitung
im Bundesgebiet

		Wertanteil			
		der Gruppe am Produkt.-Wert insgesamt		der Erzeugnisse am Prod.-Wert der Gruppe	
Erzeugnisgruppe	Erzeugnis	in Prozent			
		1952	1953	1952	1953
Glasverarbeitung insgesamt		100,0	100,0		
Glasbläserei		48,8	51,2		
	Glasinstrumente	23,1	23,3	100,0	100,0
	davon:				
	Laborgeräte			48,3	40,7
	Fieberthermometer			5,2	7,6
	Sonst. Thermometer			30,8	37,2
	Aräometer			3,0	2,4
	Ganzglasspritzen			7,3	6,8
	Spritzenzylinder			3,1	2,6
	Sonst. chirurg. Glaswaren			2,3	2,7
	Isolierflaschen und -geräte	7,5	6,5		
	Reagenzgläser	0,8	0,6		
	Chem.-pharm. Glaswaren	17,4	20,8	100,0	100,0
	davon:				
	Tablettengläser			18,3	17,1
	Ampullen			41,4	35,8
	Vor der Lampe geblasene Flaschen			24,0	32,2
	Vor der Lampe geblasene Apparate			7,7	9,8
	Sonst. Glaswaren			8,6	5,1
Glaskurzwaren		44,4	41,7	100,0	100,0
	Rückstrahler			14,9	11,3
	Glasknöpfe			15,4	17,9
	Glasschmuck			57,7	57,4
	Kristalleuchtenbehänge			4,8	7,1
	Isolatoren, Diamantine, Glasglimmer u. sonst. Kurzwaren			7,2	6,3
Sonstiges verarbeitetes Glas		6,8	7,1	100,0	100,0
	Wasserstands- und Meßgläser			6,9	11,4
	Sonst. verarbeit. Glas			93,1	88,6

Quelle: Industriebericht (Betriebe mit 10 und mehr Beschäftigten)

Die wichtigsten Zahlen aus der Glasindustrie

Gegenstand		Einheit	Jan.	Febr.	März	April	Mai	Juni	Juli	Aug.	Sept.	Okt.	Nov.	Dez.	Jahr MD	Jahr Summe
Produktion																
Flachglas, arbeitstäglich	1951	1936 = 100	171	163	174	175	164	162	168	159	173	181	185	181	171	—
	1952	1936 = 100	168	153	144	131	129	120	121	136	150	163	171	177	147	—
	1953	1936 = 100	161	154	135	130	133	139	156	157	182	203	203	204	163	—
	1954	1936 = 100	197	196	188	183	183	170	166	180	200 p	216 p				
Hohlglas, arbeitstäglich	1951	1936 = 100	213	225	218	233	228	255	242	246	229	238	242	218	232	—
	1952	1936 = 100	226	224	223	220	230	227	236	240	234	222	222	199	225	—
	1953	1936 = 100	209	207	220	222	234	270	271	270	280	278	267	234	246	—
	1954	1936 = 100	249	279	278	272	285	293	316	289	267 p	257 p				
Flachglas ohne Spiegelroh- und ohne Spiegelglas	1951	1000 t	34,5	30,4	35,1	33,2	32,2	31,1	33,0	31,0	32,6	35,1	34,2	34,1	33,0	396,5
	1952	1000 t	32,0	26,4	26,0	24,3	24,7	22,7	22,4	24,4	25,2	29,3	30,5	29,9	26,5	317,8
	1953	1000 t	25,8	21,0	20,1	19,0	19,4	20,8	24,5	24,4	28,6	33,5	33,8	32,3	25,2	303,2
	1954	1000 t	31,2	28,7	28,8	27,7	29,7	25,9	28,1	31,4	32,7	37,0				
Tafelglas (naturfarbig)	1951	1000 qm	2985	2141	2600	2567	2780	2639	2906	3036	2915	3012	2780	2722	2757	33083
	1952	1000 qm	2460	1846	1786	1509	1605	1509	1634	1746	1950	2447	2725	2756	1998	23973
	1953	1000 qm	2429	1954	1777	1697	1739	1913	2091	2352	2579	3003	3084	3046	2304	27664
	1954	1000 qm	3137	2764	2518	2579	2699	2261	2447	2643	2722	3059				
Gußglas (naturfarbig)	1951	1000 qm	757	679	748	692	579	549	470	324	438	611	678	633	597	7158
	1952	1000 qm	643	560	555	623	632	463	476	535	486	574	644	586	565	6777
	1953	1000 qm	571	522	435	418	405	438	525	459	673	844	729	658	556	6677
	1954	1000 qm	621	568	701	524	571	498	677	798	780	878				
Spiegelrohglas (naturfarbig)	1951	1000 qm	210	258	283	251	234	228	255	246	286	273	265	281	256	3070
	1952	1000 qm	280	247	271	242	243	208	178	176	201	159	62	64	194	2331
	1953	1000 qm	190	348	382	346	382	359	412	433	395	416	373	438	373	4474
	1954	1000 qm	415	422	559	511	507	492	320	310	426	481				
Farbenglas	1951	1000 qm	50	78	105	104	59	84	89	78	59	61	66	71	75	904
	1952	1000 qm	187	82	42	74	98	88	72	67	78	89	88	196	97	1161
	1953	1000 qm	74	76	96	88	75	158	121	104	101	104	210	125	111	1332
	1954	1000 qm	97	100	109	139	212	242	121	97	100	189				
Hohlglas (ohne Rohhohlglas)	1951	1000 t	41,1	38,9	40,9	43,3	43,4	49,8	47,7	49,4	43,9	48,1	45,9	41,3	44,5	533,7
	1952	1000 t	44,0	41,7	44,4	41,5	45,5	43,3	49,6	49,4	46,8	44,9	41,3	37,7	44,2	530,3
	1953	1000 t	41,0	37,0	43,9	42,0	44,3	52,1	54,6	53,3	54,5	55,9	49,1	43,8	47,6	571,5
	1954	1000 t	45,9	47,6	52,7	49,1	53,0	54,5	64,0	56,4	50,4	48,8				
Rohhohlglas	1951	t	1573	1674	1716	1751	1484	1545	1635	1642	1408	1535	1566	1406	1578	18935
	1952	t	1644	1412	1373	1248	1238	960	1005	1041	1157	1409	1427	1462	1281	15376
	1953	t	1429	1300	1327	1254	1328	1522	1744	1749	1763	1852	1845	1902	1585	19015
	1954	t	2223	2301	2662	2138	2092	1913	1987	2078	1954	2136				
Energieverbrauch																
Kohleverbrauch insgesamt	1951	1000 t SKE	64,5	58,6	63,2	62,2	60,5	59,6	58,7	62,0	60,8	64,7	63,0	62,2	61,7	740,0
	1952	1000 t SKE	65,3	62,7	63,8	58,9	57,5	51,4	53,4	54,1	55,5	58,4	58,7	59,7	58,3	699,4
	1953	1000 t SKE	61,2	59,3	62,4	58,0	61,3	60,4	59,2	58,4	61,8	66,0	67,2	65,6	61,7	740,8
	1954	1000 t SKE	67,4	65,3	67,4	65,8	64,6	57,9	60,6	61,7	62,5					
Verbrauch an Rohbraunkohle	1951	1000 t eff	16,5	14,1	15,0	15,7	14,8	14,2	14,2	16,3	15,1	18,1	17,4	16,4	15,7	187,8
	1952	1000 t eff	13,5	12,8	13,0	10,9	9,4	7,7	7,7	9,0	6,5	8,5	9,5	11,0	10,0	119,5
	1953	1000 t eff	12,2	12,1	11,8	9,6	10,6	11,2	10,9	12,0	11,0	11,1	12,2	11,8	11,4	136,5
	1954	1000 t eff	11,2	10,9	10,9	10,7	10,9	14,3	6,2	8,3	12,4					
Verbrauch an Braunkohlenbriketts	1951	1000 t eff	67,1	64,3	70,0	68,9	65,8	66,9	65,2	62,2	58,4	60,4	66,9	66,4	65,2	782,5
	1952	1000 t eff	73,5	70,0	71,6	64,9	58,2	54,9	58,0	54,9	54,7	54,8	57,0	58,4	61,1	733,3
	1953	1000 t eff	61,5	61,5	65,9	64,1	69,1	65,2	64,5	63,6	68,7	72,4	72,1	68,3	66,4	793,8
	1954	1000 t eff	68,9	69,4	76,8	76,2	73,6	61,9	68,2	68,3	68,9					
Stromverbrauch	1951	Mill. kWh	18,3	16,0	17,2	18,1	18,0	18,9	19,3	18,4	17,6	19,1	19,3	18,0	18,2	218,2
	1952	Mill. kWh	19,5	18,0	18,6	16,9	18,2	17,3	19,0	19,3	19,7	20,5	19,6	19,6	18,9	226,2
	1953	Mill. kWh	19,7	19,1	21,3	19,8	20,7	23,1	23,9	23,5	24,1	24,6	23,3	22,7	22,2	265,8
	1954	Mill. kWh	23,7	23,4	25,2	23,8	25,0	25,3	27,2	27,0	26,7					
Umsatz																
Umsatz insgesamt	1951	Mill. DM	52,4	51,8	56,7	57,6	55,8	59,3	58,8	58,6	55,8	63,5	64,0	57,6	57,7	691,9
	1952	Mill. DM	54,8	51,3	55,9	55,6	61,2	56,4	66,4	57,3	67,6	70,1	66,0	64,1	60,6	726,7
	1953	Mill. DM	54,1	52,6	65,3	62,1	65,0	72,4	71,9	69,6	76,9	80,9	80,9	80,7	69,4	832,4
	1954	Mill. DM	68,2	66,8	77,0	74,6	77,1	78,1	80,7	78,2	85,7					
Auslandsumsatz	1951	Mill. DM	4,7	5,8	6,8	7,0	7,3	8,1	8,5	8,0	7,8	8,0	8,5	6,9	7,3	87,4
	1952	Mill. DM	7,8	7,9	8,9	7,8	8,1	7,8	8,7	7,6	7,9	9,0	8,0	8,0	8,1	97,4
	1953	Mill. DM	8,0	7,8	9,5	8,8	8,9	10,0	9,9	9,5	9,9	11,2	11,2	9,9	9,6	114,6
	1954	Mill. DM	10,1	10,8	11,6	11,5	11,6	11,6	13,4	13,0	14,0					
Exportquote	1951	vH	8,9	11,2	12,0	12,2	13,0	13,7	14,5	13,7	13,9	12,6	13,3	12,0	12,6	—
	1952	vH	14,2	15,4	15,9	14,0	13,2	13,8	13,1	13,2	11,6	12,9	12,1	12,5	13,5	—
	1953	vH	14,8	14,8	14,5	14,2	13,6	13,8	13,7	13,7	12,9	13,9	13,8	12,2	13,8	—
	1954	vH	14,8	16,2	15,1	15,4	15,0	14,8	16,6	16,7	16,3					
Außenhandel																
Einfuhr: Glasmasse, Rohglas	1951	1000 DM	116	139	124	72	189	143	274	229	269	92	57	122	152	1826
	1952	1000 DM	179	161	196	261	155	180	204	162	170	174	141	177	180	2160
	1953	1000 DM	82	36	149	111	95	108	96	86	112	117	169	146	109	1307
	1954	1000 DM	258	155	162	177	276	267	281	170	172	366				

Produktion Oktober 1954 vorläufig

Die wichtigsten Zahlen aus der Glasindustrie

Gegenstand	Einheit	Jan.	Febr.	März	April	Mai	Juni	Juli	Aug.	Sept.	Okt.	Nov.	Dez.	Jahr MD	Summe
Außenhandel (Fortsetzung)															
Einfuhr:															
Glas 1951	1000 DM	85	13	40	66	54	86	145	44	114	83	54	53	70	837
1952	1000 DM	154	103	96	116	163	171	156	125	75	122	256	965	209	2502
1953	1000 DM	709	237	221	202	234	215	193	358	233	466	389	643	342	4100
1954	1000 DM	266	852	432	260	654	805	532	964	683	943				
Glaswaren															
1951	1000 DM	84	162	248	197	135	325	298	364	731	283	327	508	305	3660
1952	1000 DM	328	381	400	370	204	437	395	388	476	425	551	703	422	5058
1953	1000 DM	318	341	403	381	412	431	448	591	529	914	1030	663	538	6461
1954	1000 DM	493	563	591	430	420	479	599	809	770	861				
Ausfuhr:															
Glasmasse, Rohglas 1951	1000 DM	1518	702	826	534	479	321	823	560	641	712	765	904	732	8785
1952	1000 DM	879	393	468	393	407	404	377	446	550	692	436	560	500	6005
1953	1000 DM	246	222	285	323	266	371	357	376	310	278	435	526	333	3995
1954	1000 DM	393	343	502	364	401	476	408	304	301	405				
Glas															
1951	1000 DM	1742	1995	2318	2655	3085	2937	3806	3098	3446	3161	2554	2832	2802	33629
1952	1000 DM	3226	2113	2569	2646	2721	1946	2110	1844	2070	2723	3049	3456	2539	30473
1953	1000 DM	2187	2427	3409	2836	2847	3443	3796	3329	2803	3545	3931	3754	3192	38307
1954	1000 DM	2939	3515	4085	3830	3700	3069	4214	4629	4442	4122				
Glaswaren															
1951	1000 DM	4973	5360	6543	7032	7613	7380	8322	7446	7814	7049	5841	7733	6951	83406
1952	1000 DM	6356	6363	7649	7364	7989	7988	9056	8071	8246	9101	8316	9415	7993	95914
1953	1000 DM	6420	7084	8188	8815	8697	9183	9319	8732	9618	11160	10720	13437	9281	111373
1954	1000 DM	8934	9552	12067	9838	10849	11196	12479	12842	12333	13676				
Beschäftigung und Löhne															
Beschäftigte insgesamt															
1951	1000	50,6	51,3	52,1	52,6	53,1	54,1	54,6	54,8	54,7	55,1	55,6	54,5	53,6	—
1952	1000	55,8	55,6	55,2	55,6	55,9	55,8	56,5	55,8	55,8	56,1	56,4	55,6	55,8	—
1953	1000	56,5	56,9	57,7	58,5	59,2	60,1	61,3	61,8	62,5	62,7	62,7	62,4	60,2	—
1954	1000	63,0	63,2	64,0	64,6	65,5	66,3	67,1	67,3	66,9					
Löhne und Gehälter															
1951	Mill. DM	14,0	13,2	14,8	14,7	15,8	16,2	16,1	16,8	15,9	16,7	17,3	17,7	15,8	189,0
1952	Mill. DM	16,9	15,9	16,3	16,4	17,1	16,3	16,9	16,8	16,7	17,9	17,7	18,7	17,0	203,6
1953	Mill. DM	17,5	15,9	17,2	17,8	18,0	18,4	19,7	19,1	19,4	20,3	20,2	21,5	18,7	224,9
1954	Mill. DM	19,9	18,6	20,2	20,6	20,8	21,3	22,0	21,5	21,8					
Ertragslage															
Umsatz je Beschäftigten															
1951	DM	1036	1010	1088	1095	1052	1096	1077	1068	1020	1153	1151	1055	1075	—
1952	DM	970	923	1012	999	1095	1010	1175	1026	1211	1248	1171	1154	1083	—
1953	DM	958	924	1133	1061	1099	1205	1174	1126	1231	1290	1290	1292	1149	—
1954	DM	1082	1056	1202	1151	1178	1178	1203	1163	1281					
Löhne und Gehälter je 1000 DM Umsatz															
1951	DM	267	253	256	255	282	272	272	286	283	260	270	306	272	—
1952	DM	313	308	291	293	278	287	255	292	246	253	265	288	281	—
1953	DM	322	302	262	286	276	253	273	273	252	251	248	265	272	—
1954	DM	292	278	262	276	268	270	271	272	252					
Lohnkosten je geleistete Arbeiterstunde															
1951	DM	1,32	1,30	1,36	1,35	1,46	1,44	1,46	1,48	1,45	1,42	1,48	1,54	1,42	—
1952	DM	1,46	1,42	1,44	1,46	1,47	1,48	1,46	1,48	1,44	1,44	1,51	1,50	1,46	—
1953	DM	1,48	1,45	1,44	1,50	1,55	1,52	1,54	1,53	1,50	1,49	1,53	1,60	1,51	—
1954	DM	1,53	1,49	1,49	1,56	1,56	1,59	1,57	1,58	1,55					
Produktivität je Arbeiterstunde															
1951	1936 = 100	←	114,1	→	←	113,4	→	←	114,2	→	←	112,8	→	113,6	—
1952	1936 = 100	←	105,0	→	←	95,7	→	←	102,2	→	←	103,3	→	101,6	—
1953	1936 = 100	←	101,3	→	←	99,2	→	←	110,9	→	←	113,5	→	106,2	—
1954	1936 = 100	←	116,7	→	←	111,6	→	←	112,4p	→	←		→		
Preise															
Index der Erzeugerpreise															
Glas- und Glaswaren insgesamt 1951	1938 = 100	138	148	148	148	154	155	155	156	156	156	157	156	152	—
1952	1938 = 100	156	155	154	154	154	153	156	156	158	158	158	156	156	—
1953	1938 = 100	156	156	156	156	156	155	156	155	155	155	155	155	155	—
1954	1938 = 100	155	155	155	155	156	157	157	157	157	157				
dar.: Flachglas															
1951	1938 = 100	132	138	138	138	138	138	138	138	138	139	141	141	138	—
1952	1938 = 100	140	140	140	140	140	139	148	148	152	152	152	152	145	—
1953	1938 = 100	152	152	152	152	152	152	152	151	151	151	151	151	151	—
1954	1938 = 100	151	151	151	151	151	151	151	151	151					
Hohlglas															
1951	1938 = 100	145	157	157	157	168	168	169	171	171	170	170	169	164	—
1952	1938 = 100	169	167	165	165	165	165	165	165	165	165	165	162	165	—
1953	1938 = 100	161	161	161	161	161	161	161	161	160	160	160	161	161	—
1954	1938 = 100	161	161	160	161	162	164	164	164	164					
Einzelhandelspreis:															
Kompotteller 1951	DM/Stück	0,35	0,36	0,36	0,37	0,37	0,38	0,37	0,37	0,39	0,38	0,38	0,38	0,37	—
1952	DM/Stück	0,38	0,38	0,38	0,38	0,38	0,38	0,37	0,36	0,36	0,37	0,36	0,36	0,37	—
1953	DM/Stück	0,36	0,36	0,35	0,35	0,35	0,35	0,34	0,34	0,34	0,34	0,34	0,34	0,35	—
1954	DM/Stück	0,34	0,33	0,34	0,33	0,33	0,33	0,33	0,33	0,33	0,33				
Einzelhandel:															
Wareneingang 1951	1949 = 100	101	95	125	121	109	111	97	109	117	154	160	155	121	—
1952	1949 = 100	84	110	133	106	109	100	103	99	127	156	166	146	120	—
1953	1949 = 100	68	100	135	102	103	111	111	111	142	172	202	186	129	—
1954	1949 = 100	74	103	144	126	109	102	104	113	130					
Warenabsatz															
1951	1949 = 100	97	89	115	93	113	100	113	123	122	121	134	293	126	—
1952	1949 = 100	103	105	118	120	126	101	126	126	132	125	132	312	136	—
1953	1949 = 100	114	101	124	120	129	117	142	145	150	141	151	354	149	—
1954	1949 = 100	117	111	129	144	127	117	145	139	135					

Unter den Glasinstrumenten ist neben den Laborgeräten die Gruppe der Fieber- und sonstigen Thermometer bedeutend. Es handelt sich hier um einen Industriezweig, der sich ausschließlich aus ehemaligen Thüringer Betrieben zusammensetzt.

Während Glasinstrumente und vor der Lampe geblasene Gläser in Handarbeit erzeugt werden, handelt es sich bei Reagenzgläsern, Tablettengläsern, Ampullen, Rollrandflaschen[1]) um eine mechanische Fertigung. Diese Gläser haben einen hohen indirekten Exportanteil über die Ausfuhr chemisch-pharmazeutischer Waren. Die Betriebe dieser Branche liegen häufig in der Nähe großer chemischer Werke, die sie unmittelbar beliefern.

Zu den jüngeren Zweigen der Hohlglasverarbeitung zählt die Herstellung von **Isoliergefäßen**. Es ist noch nicht lange her, daß die Thermosflasche fast das einzige weitverbreitete Isoliergefäß war. Heute werden Isoliergefäße zur Aufbewahrung von Butter, Konditoreis, Isolierießgefäße usw. immer beliebter. Die Campingbewegung hat den Bedarf danach gesteigert.

Die Glasveredlung

In der Glasveredlung unterscheidet man die Flachglasveredlung und Hohlglasveredlung. Bei der Flachglasveredlung handelt es sich im wesentlichen um die Herstellung von Spiegeln und um das Schleifen, Facettieren, Bohren, Mattieren, Ätzen, Bemalen, Gravieren und Bedrucken von Flachglas.

Das Biegen von Flachglas hat in neuer Zeit eine besondere Bedeutung erlangt. Es entstehen dabei Vitrinengläser, Schaufensterscheiben, Deckenleuchten, Uhrengläser, Vergrößerungs- und Verkleinerungsspiegel u. ä. Statistisch wird es als Glasveredlungs-Verfahren geführt — tatsächlich jedoch ist es mehr ein rein technisches Bearbeitungsverfahren und gehört somit eigentlich zur Glasverarbeitung.

Das Gleiche gilt für das Sicherheitsglas. Auch diese Branche gehört fachlich eigentlich zur Glasverarbeitung — während sie statistisch unter der Gruppe „Glasveredlung" geführt wird[2]).

Zu den ältesten Verfahren der Glasveredlung gehören die Erzeugung von **Spiegeln**, die heute in allen Größen von der Spiegelwand bis zum Spiegelchen des Zahnarztes hergestellt werden und die **Flachglasmalerei**. Die **Flächenbearbeitung** von Flachglas (z. B. Mattieren, Gravieren, Tiefschleifen usw.) ist dagegen jüngeren Datums, ebenso die Herstellung **technischer Flachgläser** (Schaugläser von Kesseln und Autoklaven, Abdeckgläser von Instrumenten), Glasauflageplatten für Ladentische u. ä. durch Kantenbearbeitung sowie die Zurichtung von Möbelgläsern durch Kantenbearbeitung, Rautenschliff, Anbringung von Rundecken, Griffen usw.

Bei **Glasdruck** entstehen Glasskalen für Radio's und Instrumente, Zifferblätter, Glasreklamen u. ä.

Produktion der westdeutschen Glasveredlung
in Mill. DM

Branche bzw. Erzeugnis	1950[1])	1951	1952	1953
Flachglasveredlung	54,6	76,8	77,4	97,8
Sicherheitsglas, ein- u. mehrschichtig	19,1	.	24,8	39,0
Spiegel	17,0	.	23,0	25,9
sonst. Flachglasveredlung[2])[3])	18,3	.	29,5	33,0
Hohlglasveredlung[2])	10,5	18,8	19,3	18,7
Wirtschaftsglas	.	.	3,9	3,4
Bleikristall	4,5	.	3,5	3,8
Beleuchtungsglas	2,0	.	5,2	5,8
Sonstiges Hohlglas	4,0	.	6,7	5,7

1) Ohne franz. Zone — 2) Ohne Veredlung in der Glashütte. Nur Veredlungswert ohne Wert des unveredelten Glases — 3) Mattieren, Ätzen, Eisblumieren, Bemalen, Vergolden, Gravieren, Bedrucken, Fazettieren, Kantenbearbeiten, Bohren, Härten, Biegen usw.

Quelle: Industriebericht (Betriebe mit 10 und mehr Beschäftigten)

Die **Hohlglasveredlung** besteht vor allem im Schleifen, Gravieren und Bemalen von Wirtschafts- und Kristallglas, Bleikristall- und Beleuchtungsglas. Nachstehend folgt eine Übersicht über die üblichen Veredlungstechniken von Flach- und Hohlglas, einschl. der sog. hüttenmäßigen Veredlung.

---

1) Zum Beispiel für Insulin und Penicillin
2) Siehe Tabelle „Produktion der westdeutschen Glasveredlung" und die Ausführungen auf den Seiten D 7 und D 8.

Glasveredlungstechniken

I. Veredlungstechniken während der Herstellung am nicht erkalteten Glas.

Bezeichnung	Art
Optisch geblasenes Glas	Blasen von Mustern in der Vorform
Nuppengläser, Schlangenfadengläser	Auflegen und Verschmelzen von Glastropfen, Glasfäden und Glasbändern
Eingelegte Gläser	Auflegen andersfarbiger Glasfäden
Gekämmte Gläser	Ordnen dieser Fäden zu Mustern
Glas mit Lufteinschlüssen	Einstechen von Luftblasen, Verschmelzen von Hohlräumen
Überfanggläser	Überziehen (Überstechen) mit einer oder mehreren Schichten andersfarbigen Glases
Irisieren / Eisblumieren / Glas-Craquelé	Verschiedene Verfahren (z. B. Behandlung mit Salzdämpfen, Leimlösungen usw.)

II. Veredlungstechniken am fertigen und erkalteten Glas (eigentliche Glasveredlung)

1. Schmücken durch Verletzen der Glasoberfläche: Glasschliff — Glasschnitt (Glasgravour) — Glasschnitzen — Glasätzen — Ritzen mit Diamant
2. Schmücken ohne Verletzen der Glasoberfläche: Polieren — Beizen — Bemalen — Bedrucken — Belegen mit Gold und Silber.
3. Bearbeitung durch Veränderung der Form oder des Zustandes: Härten — Biegen — Bohren.

Die nach dem Kriege aus dem Sudetenland, Schlesien, Thüringen und Sachsen vertriebenen Betriebe und Fachleute haben zahlreiche Spezialfertigungen und Veredlungstechniken in Westdeutschland aufleben lassen. Die Fortschritte in der Veredlung von Kristallglas und Beleuchtungsglas treten dabei besonders hervor. Die Glasveredlung spielt im Export eine große Rolle, wobei die Ausfuhr auf diesem Spezialgebiet dadurch erleichtert wird, daß Westdeutschland die ehemals dominierende Rolle des Deutschen Reiches und des Sudetenlandes als Glasveredler bis heute bewahrt hat. (s. Abschnitt „Veränderungen im Außenhandel").

Die Gablonzer Industrie

Eine besondere Betrachtung verdient die Gablonzer Industrie. Als sie sich noch in der Tschechoslowakei befand, hatte sie 98 % ihrer Erzeugnisse ausgeführt; nach der Vertreibung aus der CSR wurde sie in verschiedenen Gebieten der Bundesrepublik angesiedelt.

Verteilung der Gablonzer Industrie auf die Länder
des Bundesgebietes in Prozent; Stand: Ende 1951

Land	Betriebe	Beschäftigte	Umsatz 1950
Schleswig-Holstein[1]	6	3	2
Hessen[2]	4	3	5
Bayern[3]	71	75	68
Baden-Württ.[4]	19	19	25
Insgesamt	100	100	100

1) Trappenkamp — 2) Oberursel — 3) Kaufbeuren, Bayreuth, Waldkraiburg — 4) Schwäbisch Gmünd, Karlsruhe

Quelle: Der Volkswirt vom 2. 2. 1952

Außerdem arbeiten einzelne Betriebe verstreut über das Bundesgebiet.

Hergestellt werden neben Glaskurzwaren auch Kristallglaswaren wie Haushaltsartikel, Glasleuchtenteile, Lüsterbehang usw. Daneben allerdings auch unechter Schmuck aus Metall, Gebrauchsartikel, technischer Bedarf und Kurzwaren auf Kunstharzbasis (70 % der Gablonzer Erzeugnisse bestehen aus Glaskurz- und 5 % aus Kristallglaswaren, zum Teil handelt es sich auch um reine Glasveredlung). So z. B. werden in Kaufbeuren-Neugablonz monatlich rund 100 t Glas zu Glasschmuck verarbeitet[1]).

---

1) Ohne die kürzlich errichtete sog. Sudetenhütte.

Während die Inlandsnachfrage schon bald nach dem Anlaufen der Produktion einsetzte, gelang es erst 1951, größere Exportaufträge abzuschließen. Die Betriebe sind vor allem zur Erleichterung des Exportgeschäfts zu Genossenschaften zusammengeschlossen — diese wiederum in einer Dachorganisation. Heute werden bis zu 50% der Produktion — vor allem nach den USA — exportiert[1]).

Marktstörungen durch Interzonenhandel

Nach der Zonentrennung war für den westdeutschen Glasmarkt — in geringerem Maße auch für die sowjetische Besatzungszone — ein Ausgleich durch Interzonenhandel bis zum Aufbau fehlender Kapazitäten dringend erforderlich. Daraus entwickelten sich anfangs Kompensationsgeschäfte, die später als vertragliche Lieferungen in die interzonalen Handelsabkommen eingebaut wurden. Dabei lieferte Mitteldeutschland (SBZ) insbesondere Beleuchtungsglas, chemisch-technische Gläser, Wirtschaftsglas und farbiges Flachglas.

Interzonenhandel mit Glas und Glaswaren (ohne Westberlin)

Jahr	Einfuhr		Ausfuhr	
	der Bundesrepublik			
	1000 t	Mill. VE[1])	1000 t	Mill. VE[1])
1950	11,0	12,6	0,4	0,6
1951	3,4	5,6	0,2	0,2
1952	2,4	4,7	0,0	0,1
1953	2,8	5,1	0,2	0,4

1) VE = Verrechnungseinheit, etwa einer DM-West gleichzusetzen

Quelle: *Der Interzonenhandel der Bundesrepublik Deutschland mit dem Währungsgebiet der DM/Ost. Statistisches Bundesamt, Wiesbaden*

Der Interzonenhandel mit Glas und Glaserzeugnissen war für die Bundesrepublik bisher stets passiv[2]). Diese Erscheinung geht an der inzwischen in Westdeutschland eingetretenen Entwicklung vorbei, die zu einer merklich größeren Produktionskapazität in der Bundesrepublik geführt hat, als die Sowjetzone sie heute, im übrigen auch bei Hohlglas, aufweisen kann. Die Diskrepanz zwischen den Lieferungen und den Bezügen der Ostzone ist bei Glas besonders groß; sie wurde in den vergangenen Jahren durch illegale Lieferungen noch verstärkt. Hinzu kommt, daß die Lieferungen sich auf wenige Erzeugnisgruppen konzentrieren — Wirtschafts- und Beleuchtungsglas machen etwa 50% der ostzonalen Glasexporte in die Bundesrepublik aus — und in den betreffenden Branchen, die ohnehin besonders viele Flüchtlingsbetriebe aufweisen, zu Marktstörungen führen. Diese Störungen des Marktes werden auch dadurch verstärkt, daß die Lieferungen z. T. zu sehr niedrigen Preisen erfolgen, die nicht durch Unterschiede in den Produktionskosten bzw. durch Qualitätsunterschiede glaubhaft zu machen sind. Es zeigt sich hier ein typisches Merkmal der Preispolitik in den Ostblockländern, nämlich die häufig auftretende Beeinflussung der Preisbildung durch Faktore, die sich aus politischen Absichten oder internen Planungsnotwendigkeiten ergeben[3]). Nur so ist es erklärlich, daß die Preise zwischen offensichtlichen Dumping- und höchsterzielbaren Marktpreisen (z. B. bei „harten" Waren) schwanken.

Veränderungen im Außenhandel

Im Deutschen Reich zählte die Glasindustrie mit einer Exportquote von etwa einem Drittel des Umsatzes zu den exportintensiven Industriezweigen. Die gleiche Exportintensität hat die westdeutsche Glasindustrie insgesamt betrachtet trotz ihrer Ausfuhrerfolge bisher nicht erreichen können.

Der Exportumsatz hat sich von 32 Mill. DM (1950) auf fast 115 Mill. DM im Jahr 1953 erhöht und damit fast vervierfacht. Die Exportquote stieg damit von 6,5% auf 14 bis 15% des Umsatzes und liegt nunmehr etwas über dem Durchschnitt der gewerblichen Wirtschaft insgesamt[4]). Allerdings sind im Umsatz der Glasindustrie erhebliche Doppelzählungen (Umsätze innerhalb der westdeutschen Glasindustrie selbst, Hüttenerzeugung → Glasverarbeitung / Glasveredlung), so daß die echte Exportquote um 2 bis 3% höher sein dürfte.

---

1) Umsätze: 1950: 57 Mill. DM; 1951: 110 Mill. DM; 1952: 120 Mill. DM; 1953: 125 Mill. DM. — Exportquoten 1950: 17,5 %; 1951: 29 %; 1952: 43 %; 1953: 50 %.
2) Pressemeldungen zufolge hätten nach dem Frankfurter Abkommen vom 8. 10. 1949 (am 18. 12. 1950 bis zum 31. 3. 1951 verlängert) im Durchschnitt für 0,83 Mill. DM Glas und Glaswaren aus der Ostzone eingeführt werden müssen. Geliefert wurden jedoch von Mai 1949 bis Ende 1950 für 1,4 Mill. DM — d. h. 70 % mehr. Gleichzeitig erfüllte die Ostzone ihre Abnahmeverpflichtungen nur zu einem Drittel.
3) Pressemeldungen zufolge klagte die westdeutsche Glasindustrie zeitweise z. B. auch erheblich über Dumpingpreise der CSR — darunter bei Getränkeflaschen.
4) Dies gilt nur für den Außenhandelsumsatz lt. Industriebericht. Bei Einbeziehung der Betriebe unter 10 Beschäftigten und des Handwerks ergibt sich eine Exportquote von über 18 %.

Neben dem direkten darf der umfangreiche indirekte Export nicht unerwähnt bleiben, der in Gestalt von Verpackungsglas und Ausrüstung (z. B. mit Kraftfahrzeugen, Photo- und sonstigen Apparaten, Optik u. ä.) ins Ausland geht. Die Glaseinfuhr steht heute ungefähr im gleichen Verhältnis zur Glasausfuhr, wie vor dem letzten Kriege[1]. Im Zuge der fortschreitenden Liberalisierung des westeuropäischen Außenhandels hat auch Westdeutschland die Einfuhr von Glas und Glaswaren stark liberalisiert, so daß 1954 nur noch einige — allerdings wichtige — Gruppen, wie Getränkeflaschen und Verpackungsglas, bestimmte Arten von Wirtschafts- und veredeltem Beleuchtungsglas, Fensterglas, Brillengläser und Fieberthermometer, wegen der in diesen Bereichen vorhandenen Überkapazität und wegen der Flüchtlingsbetriebe usw. noch nicht liberalisiert sind.

Exportquoten der Glasindustrie
im Bundesgebiet

Jahr	Inlandsumsatz	Auslandsumsatz	Exportquote[1] in Prozent
	in Mill. DM		
1949 1. Halbjahr[2]	190,0	5,4	2,8
2. Halbjahr	224,2	5,2	2,3
Jahr	.	.	.
1950 1. Halbjahr	200,4	11,3	5,3
2. Halbjahr	262,9	20,7	7,9
Jahr	463,3	32,0	6,5
1951 1. Halbjahr	293,9	39,7	11,9
2. Halbjahr	310,5	47,8	13,3
Jahr	604,4	87,5	12,6
1952 1. Halbjahr	286,9	48,2	14,4
2. Halbjahr	342,3	49,1	12,5
Jahr	629,2	97,3	13,4
1953 1. Halbjahr	318,6	52,9	14,2
2. Halbjahr	399,3	61,7	13,4
Jahr	717,9	114,6	13,8
1954 1. Halbjahr	374,6	67,2	15,2

1) Anteil des Auslandsumsatzes am Gesamtumsatz. Umsatz von Doppelzählungen unbereinigt —
2) Ohne franz. Zone

Quelle: Industriebericht (Betriebe mit 10 und mehr Beschäftigten)

Wenn die Vorkriegsstellung des Deutschen Reiches als eines der bedeutendsten Glas-Ausfuhrländer der Welt bisher nicht erreicht wurde, dann liegt dies in erster Linie an Folgendem:

1. Die enorme Produktionssteigerung und Mechanisierung der Glasindustrie der USA brachte diese an die erste Stelle unter den Glasexportländern.

2. Zahlreiche überseeische Länder haben Glasindustrien aufgebaut, um sich von Glasimporten möglichst zu befreien.

3. Glas und Glaswaren gehören vielfach zu den nicht unmittelbar lebensnotwendigen Waren und unterliegen Importbeschränkungen oder Sondersteuern. Auch in Freilisten ist Glas oft nur mit Spezialartikeln vertreten.

4. Die Länder des Ostblocks — früher wichtige Abnehmer von Spiegelglas — sind als Käufer ausgefallen.

Wenn es Westdeutschland trotzdem gelang, seinen Export zu steigern, dann ist dies nicht zuletzt der Spezialisierung und dem an das Ausland angepaßten Niveau der westdeutschen Glaserzeugungs-, Glasverarbeitungs- und Glasveredlungsbetriebe zu verdanken.

---

1) 1936 Deutsches Reich   Einfuhr 9315 t   Ausfuhr 128 532 t
   1952 Westdeutschland   Einfuhr 8604 t   Ausfuhr 91 289 t.

Ausfuhr von Glas aus dem Bundesgebiet

Erzeugnisgruppe	Einheit	1936[1])	1950	1951	1952	1953	1953 in Prozent von 1936
Glasstaub, -masse, abfälle,	1000 t	7,0	0,8	1,9	2,9	4,6	66
-fritte, Vitrit	Mill. RM/DM	1,6	0,6	1,8	2,6	4,0	255
Gußglas[2])	1000 t	3,2	4,1	9,7	9,2	10,4	320
	Mill. RM/DM	0,3	1,2	2,9	4,1	5,0	1485
Tafelglas	1000 t	26,2	9,4	33,7	19,5	30,5	116
	Mill. RM/DM	4,1	5,4	17,5	11,1	16,5	404
Spiegelglas	1000 t	7,0	1,6	4,4	5,0	5,9	83
	Mill. RM/DM	4,5	1,9	5,0	5,4	6,7	147
Veredeltes Flachglas . .	1000 t	7,9	1,9	2,1	0,7	1,3	16
	Mill. RM/DM	2,2	3,2	2,8	3,7	5,7	259
Rohhohlglas	1000 t	0,4	0,7	2,1	1,6	1,9	476
	Mill. RM/DM	0,3	1,1	4,7	3,1	3,6	1285
Flaschen u. a. Behältnisse für Verpackung und Transport[3])	1000 t	28,6	18,7	34,6	40,8	42,6	149
	Mill. RM/DM	8,6	5,5	12,5	15,5	16,8	196
Techn., chem., pharm. u. hygien. Glaswaren . .	1000 t	7,8	0,6	2,2	0,7	0,7	9
	Mill. RM/DM	20,8	4,4	13,5	7,8	8,2	39
Haushaltsglaswaren[3]) . .	1000 t	22,9	4,2	6,2	5,9	7,8	34
	Mill. RM/DM	17,3	6,5	16,6	20,6	24,3	141
Kurzwaren	1000 t	0,3	0,4	1,1	1,2	1,4	526
	Mill. RM/DM	0,7	7,0	22,9	30,3	30,4	4392
Beleuchtungs-, Uhr-, Signal u. optisches Glas	1000 t	7,6	1,1	2,2	2,3	2,4	32
	Mill. RM/DM	12,1	5,1	8,7	12,8	12,4	103
Sonstiges[2])	1000 t	9,5	3,1	8,0	1,5	1,0	11
	Mill. RM/DM	6,8	4,9	9,2	2,4	3,2	47
Insgesamt[4])	1000 t	128,5	46,7	108,2	91,3	110,5	86
	Mill. RM/DM	69,2	46,7	117,9	119,5	136,8	198

1) Deutsches Reich — 2) Drahtglas bis einschl. Sept. 1951 in Position „Sonstiges", ab Oktober 1951 in Position „Gußglas" enthalten — 3) Konserven- und Verpackungsglas bis einschl. September 1951 in Position „Haushaltswaren", ab Oktober 1951 in Position „Flaschen u. Behältnisse für Verpackung u. Transport" enthalten — 4) Abweichungen von der Summe der Erzeugnisgruppen sind durch Auf- bzw. Abrundung bedingt.
Bemerkung: Gewisse Ungenauigkeiten sind auf mangelhafte Abgrenzungsmöglichkeiten der einzelnen Positionen in dieser Tabelle zurückzuführen. Erfaßt sind nur die Erzeugnisse, die im Kap. 70 des Warenverzeichnisses für die Außenhandelsstatistik aufgeführt sind.

Quelle: Amtliche Außenhandelsstatistik

Strukturell ergeben sich merkliche Unterschiede gegenüber der Zeit vor dem Kriege. Es sind dies:

1. Die Position „Rohhohlglas" ist gegenüber der Vorkriegsausfuhr mengenmäßig bedeutend gestiegen. Die Steigerung geht hauptsächlich auf technische und sonstige Spezialgläser zurück, wo Westdeutschland die frühere Überlegenheit des Deutschen Reiches gegenüber dem Ausland bewahren konnte.

2. Neben Rohhohlglas ist die Ausfuhr von Glaskurzwaren (Glasschmuck, Glasknöpfe usw.) — d. h. einer Glasware mit hohem Veredlungsgrad — bedeutend höher als 1936 (Zuwanderung der Gablonzer Betriebe).

3. Regional sind die westdeutschen Glasexporte in die überseeischen Länder stark gesunken — vor allem bei Exporten von Wirtschaftsglas nach Südamerika. Die größten Abnehmer für westdeutsches Glas sind heute Belgien, Italien, Holland und die USA.

In der Einfuhr hat der Import von Glasstaub, Glasmasse und Glasabfall erheblich zugenommen, ebenso die Einfuhr von Spiegelglas (wahrscheinlich vorübergehend) und Rohhohlglas sowie der Import von Flaschen- und Behälterglas, Beleuchtungs-, Uhr- und optischem Glas. Z. Teil sind dies die Auswirkungen noch andauernder Umstellungsschwierigkeiten, hervorgerufen durch die Situation nach der Zonentrennung, in der Hauptsache jedoch die Folgen der Liberalisierung des Außenhandels. Sorgen bereiten der westdeutschen Glasindustrie die nicht unerheblichen Kontingente für Glaseinfuhren in den Handelsverträgen mit der CSR und Polen, Ländern, in denen die Glasindustrien staatlich subventioniert und infolgedessen konkurrenzmäßig im Vorteil sind, weil sie in der Preisgestaltung freizügiger zu wirtschaften vermögen.

Insgesamt reicht die westdeutsche Einfuhr von Glas und Glaswaren mengenmäßig an die des ehemaligen Deutschen Reiches mehr oder weniger heran. Mengenmäßig hat das Deutsche Reich 1936 etwa 30 bis 40% mehr exportiert als das Bundesgebiet; wertmäßig zeigt der Export Westdeutschlands Tendenzen zu einer Verlagerung nach den höher veredelten Erzeugnisgruppen hin.

Regional fällt die Steigerung der Exporte nach Italien besonders auf. Dies ist eine Folge der Liberalisierung. Die höheren Exporte nach den USA wurden begünstigt durch das erweiterte westdeutsche Angebot von Glaskurzwaren (Gablonzer Industrie).

Im übrigen macht sich auf dem amerikanischen Markt die Konkurrenz Italiens, Portugals, Schwedens, Finnlands, Japans und neuerdings auch der CSR, infolge niedrigerer Löhne oder guter Anpassung an die jeweilige Geschmacksrichtung bemerkbar.

Ausblick

Die westdeutsche Glasindustrie hatte in den vergangenen Jahren des Auf- und Ausbaues drei Aufgaben zu erfüllen. Einerseits fehlten in Westdeutschland infolge der Zonentrennung Kapazitäten für zahlreiche unentbehrliche Gläser und Glaswaren. Andererseits waren durch die größere Bevölkerungszahl die vorhandenen Kapazitäten zu klein geworden und mußten erweitert werden. Außerdem mußte durch Modernisierung der Anlagen der Anschluß an die technische Entwicklung der Glasindustrie in der übrigen Welt gesucht und gefunden werden, um die alte Wettbewerbsfähigkeit auf den Weltmärkten wieder herzustellen. Diese Aufgaben wurden richtig erkannt und im wesentlichen erfolgreich gelöst, — wenn sie, vor allem wegen Kapitalmangel, auch keineswegs zu Ende geführt werden konnten.

Da der Glasverbrauch in der Welt in ständigem Steigen begriffen ist — wovon praktisch sämtliche Gruppen, wie Bauglas, Behälterglas, Wirtschaftsglas, Beleuchtungsglas, Glasfasern u. v. a. m. gleichmäßig profitieren — kann man hoffen, daß die bisher im ganzen günstige Entwicklung der westdeutschen Glasindustrie trotz z. T. bereits vorhandener Überproduktion anhalten wird. Da erhebliche Teile des Glaskonsums zum elastischen Bedarf gehören, wird sie von den Auswirkungen konjunktureller Schwankungen allerdings nicht verschont bleiben.

Der Glas-, Porzellan- u. Keramik-Großhandel

Im Bereich der Glas-, Porzellan- und Keramikwirtschaft hat der Großhandel besondere Bedeutung für den Absatz von Konsumgütern mittlerer und billiger Qualitäten und für die Belieferung der gewerblichen Wirtschaft mit Erzeugnissen der Glasindustrie und der Sanitärkeramik. Hochwertige Konsumgüter wie z. B. Luxusporzellan, Schleif- und Kristallartikel gelangen dagegen meist im Direktabsatz von der Industrie zum Einzelhandel.

Die Vielfalt der Glas-, Porzellan- und Keramikerzeugnisse hat dazu geführt, daß auf der Großhandelsstufe eine Vielzahl von unterschiedlichen Betrieben entstanden ist. Das gemeinsame dieser Betriebe liegt darin, daß sie die Erzeugnisse eines Produktionsbereichs vertreiben. Sie unterscheiden sich jedoch im Hinblick auf die von ihnen belieferten Abnehmer, die Zusammensetzung der Sortimente und ihre Geschäftsentwicklung oftmals sehr stark voneinander.

Berichtet wird im folgenden:
1. über die Großhandlungen, die den Einzelhandel mit Konsumgütern aus Glas, Porzellan und Keramik beliefern;
2. über die Zweige des Großhandels, welche die gewerbliche Wirtschaft mit Gütern aus Glas, Porzellan und Keramik bedienen;
   a) Fachgroßhandlungen für Hohlglas und Flaschen
   b) Großhandlungen für sanitäre Erzeugnisse der keramischen Industrie
   c) Flachglasgroßhandlungen.

Die Konsumgütergroßhandlungen für Glas, Porzellan und Keramik sowie die Fachgroßhandlungen für Hohlglas und Flaschen umfaßten nach der Arbeitsstättenzählung des Stat. Bundesamtes im Jahre 1950 rund 700 Betriebe, die zusammen rund 170 Mill. DM umsetzten. Im Flachglasgroßhandel waren 1950 etwa 300 Betriebe mit einem Umsatz von rund 120 Mill. DM tätig.

Der Konsumgütergroßhandel mit Glas, Porzellan und Keramikerzeugnissen beliefert neben dem Glas-, Porzellan- und Keramikeinzelhandel auch den Eisenwareneinzelhandel, den Schmuckwareneinzelhandel, den Devotionalienhandel, den Handel mit Andenkenartikeln usw. Sein Sortiment ist sehr breit. Vielfach werden noch andere Artikel geführt, die dem Sortiment der belieferten Einzelhandelsbetriebe entsprechen. Die Entwicklung der letzten Jahre hat gezeigt, daß die Betriebe ihr Sortiment immer mehr auf den Bedarf der jeweiligen Abnehmer einstellen und besonders seit dem Kriege bedeutend verbreitert haben. Diese Tendenz vergrößerte die Lagerhaltung bedeutend und stellt höhere Anforderungen an die Kapitalversorgung. Es ist deshalb nicht verwunderlich, daß hier wie in anderen, ähnlich gelagerten Großhandelsbranchen (Textil), seit der Währungsreform ein Ausleseprozeß stattfand, dem viele Neugründungen nicht standhalten konnten.

Der Großhandel hatte sich in den letzten Jahren verstärkt gegen die Konkurrenz der Einkaufsgenossenschaften des Einzelhandels zu behaupten. Der Anteil der vom Einzelhandel über Genossenschaften bezogenen Waren, insbesonders bei Glaserzeugnissen, war verhältnismäßig hoch: so gingen im Jahre 1951 annähernd 20% des Inlandsumsatzes an Haushalts- und Wirtschaftsglaserzeugnissen über Genossenschaften, an Haushaltsporzellan allerdings nur 1%. Die Umsätze der Genossenschaften sind seitdem relativ stärker angestiegen als diejenigen des Großhandels. Dieser Entwicklung sind jedoch Grenzen gesetzt, da sich die Genossenschaften auf die gängigen Massenbedarfsgüter beschränkten, während Spezialartikel und kleinere Posten über den Großhandel abgesetzt werden.

Die Umsätze des Konsumgütergroßhandels mit Glas-, Porzellan- und Keramikwaren sind seit 1949 in etwa gleichem Umfange angestiegen wie diejenigen des Facheinzelhandels. Besonders durchschlagend war die Umsatzsteigerung seit Mitte des Jahres 1952, als durch die steigende Bautätigkeit auch die Güter für den Wohnungs- und Einrichtungsbedarf stärker nachgefragt wurden und gleichzeitig das steigende Volkseinkommen zu einer wesentlichen Umsatzsteigerung von Geschenkartikeln beitrug.

Die Kostenlage der Betriebe hat sich trotz steigender Umsätze ständig etwas verschlechtert. Insbesondere sind die Lagerkosten — bedingt durch die Sortimentsverbreiterung — in den letzten Jahren wesentlich angestiegen und liegen höher als in der Vorkriegszeit. Auch die Werbungs- und Verpackungskosten sind bedeutend gestiegen. Zudem brachten die seit 1950 stark angewachsenen Außenstände eine beträchtliche zusätzliche Kostenbelastung.

Im Bereich der gewerblichen Wirtschaft hat der Großhandel besondere Bedeutung für den Absatz von Erzeugnissen der Glasindustrie und der sanitärkeramischen Industrie.

Fachgroßhandlungen für Hohlglas und Flaschen vermitteln den überwiegenden Anteil dieser Produktion an weiterverarbeitende Betriebe. Der Absatz von Konservenglas an die Lebensmittelindustrie, aber auch an den Sortimentsgroßhandel und den Einzelhandel steht an der Spitze der Umsätze des Hohlglasgroßhandels. Daneben werden — oft von besonders spezialisierten Betrieben — medizinische und pharmazeutische Glas- und Porzellanwaren an Krankenhäuser, Apotheken usw. vertrieben. Ein anderer Zweig, der Flaschengroßhandel, beliefert Brauereien, Kellereien, Hotels und Gaststätten. Er führt meist auch Artikel für den Brauerei- und Kellereibedarf oder ergänzt sein Sortiment mit Wirtschaftsglas- und Porzellanwaren für das Hotel- und Gaststättengewerbe. Die Ausweitung des Bier- und Wein-Konsums, nicht zuletzt der ständig steigende Umsatz an Pharmazeutika, haben die Umsätze dieser Betriebe in den letzten Jahren sehr günstig beeinflußt.

Die sanitären Erzeugnisse der keramischen Industrie werden vom **Großhandel für sanitäre Installation, Gas- und Wasserleitungsbedarf** vertrieben. Er stellt in seinem Sortiment, das rund 500 Artikel umfaßt, den gesamten Installationsbedarf für den Bausektor bereit.

Ebenfalls in enger Verbindung mit dem Baugewerbe arbeitet der **Flachglasgroßhandel**, der fast durchweg kleinere und mittlere Betriebe des Baugewerbes und des Handwerks (Glaser) beliefert. Seine Umsatzentwicklung vollzog sich bereits in der Vorkriegszeit in engem Zusammenhang mit der Bauwirtschaft. Nach dem Kriege war zunächst der enorme Nachholbedarf wirksam, später hat die gute Konjunktur der Bauwirtschaft die Umsätze ständig weiter ansteigen lassen. Die Geschäftsentwicklung war deshalb wie kaum in einer anderen Teilbranche des Glas-, Porzellan- und Keramiksektors äußerst günstig.

Einzelhandel mit Glas, Porzellan und Keramik

Nach den Ergebnissen der Arbeitsstättenzählung des Stat. Bundesamtes gab es im Bundesgebiet im Jahre 1950 rd. 2200 Fachgeschäfte für Glas-, Porzellan- und Keramikwaren mit etwa 7300 Beschäftigten. 1939 waren für das Reichsgebiet fast 4500 Betriebe gezählt worden, so daß der Anteil der Glas- und Porzellanwarengeschäfte an der Gesamtzahl aller Einzelhandelsbetriebe zur Zeit etwas geringer ist, als vor dem Kriege.

Hierbei sind aber nur solche Geschäfte erfaßt, die ausschließlich oder überwiegend Glas, Porzellan und Keramik führen. Daneben gibt es zahlreiche Einzelhandelsbetriebe, die diese Erzeugnisse in geringerem Umfang nebenbei handeln. Die Zahl dieser Einzelhandelsgeschäfte darf auf mindestens 2-3000 veranschlagt werden. Auch Warenhäuser und Versandgeschäfte setzen einen beträchtlichen Teil der Glas-, Porzellan- und Keramikerzeugung um. So gingen im Jahre 1951 fast 10% der Produktion an Haushaltsporzellan über Warenhäuser.

Der Fachhandel bezieht nur einen geringen Teil seiner Waren durch den Großhandel. Die Eigenart von Porzellan, Glas und Keramik erfordert es, daß der Händler eine ständige, enge Verbindung zum Hersteller hält, da die dauernd wechselnden Wünsche der Verbraucher in Bezug auf Formgebung und Dekor die Produktion stark beeinflussen.

Der Umsatztrend des Glas-, Porzellan- und Keramikeinzelhandels verlief in Normaljahren in Übereinstimmung mit der Entwicklung der gesamten Einzelhandelsumsätze. In den Jahren 1924—1926 betrug der Anteil dieser Branche am Einzelhandelsumsatz insgesamt 1,5%. In den Jahren aufsteigender Konjunktur (1927, 1928) wurde er größer. Im Krisenjahr 1931 sank er dagegen unter den normalen Anteil. Der Absatzverlauf war also besonders dann Schwankungen ausgesetzt, wenn das Einkommen der Bevölkerung über das normale Maß hinaus zunahm oder absank.

In der Nachkriegszeit stieg der Anteil des Glas-, Porzellan- und Keramikeinzelhandels am Gesamtumsatz des Einzelhandels auf rund 2%. Dies hat aber seine Gründe in dem seit Beginn des Krieges aufgestauten Bedarf, der sich in der Nachfrage insbesondere nach Haushaltsgütern auswirkte.

Jahr	Umsatzwerte[1]) in Mill. DM	Anteil am Umsatz des Einzelhandels insges. in Prozent
1949	600	1,9
1950	660	1,9
1951	760	2,0
1952	810	2,0
1953	890	2,2

1) Schätzungen des Ifo-Instituts

Selbst als sich in den Jahren 1950 und 1951 (Koreakaufwellen) die Nachfrage in der Hauptsache auf Textil- und Schuhwaren konzentrierte, änderte sich nichts an der günstigen Umsatzentwicklung.

Einzelhandel mit Glas-, Porzellan- und Keramikwaren
im Bundesgebiet
MD 1949 = 100

Zeit	Glas-, Porzellan- und Keramikeinzelhandel		Einzelhandel mit industriellen Konsumgütern (o. Nahrungs- u. Genußm.)	
	Umsatz	Wareneingang	Umsatz	Wareneingang
1950	110	101	118	115
1951	126	121	132	128
1952	136	120	136	122
1953	157	129	140	126
1. Quartal	113	101	137	113
2. Quartal	122	106	131	111
3. Quartal	145	121	129	123
4. Quartal	215	186	185	154
1954	.	.	.	.
1. Quartal	119	107	120	116
2. Quartal	129	112	141	112

Quelle: Institut für Handelsforschung, Köln

Innerhalb der einzelnen Jahre unterschied sich die Umsatzentwicklung des Glas-, Porzellan- und Keramikeinzelhandels in der Nachkriegszeit wesentlich von der des gesamten Einzelhandels. Die Befriedigung des angestauten Bedarfs der Kriegs- und ersten Nachkriegsjahre hatte sich zunächst für die Branchen des Lebensmittel- und Bekleidungshandels voll ausgewirkt. Die Umsätze von Gütern des Wohn- und Kulturbedarfs waren nur zögernd gefolgt. So verlief auch im Glas-, Porzellan- und Keramikeinzelhandel die Entwicklung zunächst ruhig, später dann gleichmäßig steigend. Konjunkturelle Schwankungen, wie sie die Koreakrise in einigen Branchen auslöste, traten nur gering in Erscheinung, da der angestaute Bedarf sehr groß war. Die weitere Entwicklung dürfte — soweit es sich um den Absatz von Gütern des täglichen Bedarfs handelt — hauptsächlich von der Bautätigkeit bestimmt werden und für den Absatz von Kultur- und Luxusgütern von der Steigerung der Lebenshaltung.

Der Wareneingang war 1949 wesentlich höher als der Umsatz, so daß die dringend nötige Lagerauffüllung ermöglicht wurde. Im Jahre 1950 hielt er sich auf dem erreichten Niveau und stieg erst 1951 wieder an. Die erneute Stagnation im Jahre 1952 war eine Auswirkung der Koreakrise. 1953 lag der Wareneingang um 7% über dem Vorjahresniveau und im 1. Halbjahr 1954 um 6%.

Die Höhe der Lagerbestände wird weitgehend beeinflußt von der Reichhaltigkeit des Sortiments. Die Vielfalt der Erzeugnisse und die differenzierten Kundenwünsche erfordern seit jeher vom

Handel mit Glas, Porzellan und Keramik aus Konkurrenzgründen eine große Lagerhaltung. Wie kaum in einer anderen Einzelhandelsbranche wurde hier nach dem 2. Weltkrieg ein konsequenter Lageraufbau durchgeführt. Die Lagerbestände erhöhten sich von 110 Mill. DM im Jahre 1949 auf 214 Mill. DM um die Jahresmitte 1954.

Mit der Erhöhung der Lagerbestände ging zwangsläufig die Umschlagsgeschwindigkeit zurück. 1953 wurden die Lager nur noch knapp viermal umgeschlagen, gegenüber 5½ mal in den ersten Jahren nach der Währungsreform. Damit vollzieht sich eine langsame Annäherung an die Verhältnisse der Vorkriegszeit, wo die Lager im Durchschnitt 2½ mal jährlich umgeschlagen wurden.

Die Handlungskosten liegen heute mit etwa 30% vom Umsatz etwas niedriger als in der Vorkriegszeit (1936: 33% vom Umsatz). Die Ursache dafür dürfte in der verringerten Lagerhaltung zu suchen sein. Das heißt, daß die Kosten sich bei weiterem Lagerausbau wieder dem Vorkriegsstand nähern, bzw. wegen der jetzt höheren Lagerkosten pro Stück, diesen wahrscheinlich noch übersteigen werden.

Im Gegensatz zu dieser Entwicklung hat sich die Handelsspanne des Glas-, Porzellan- und Keramikeinzelhandels gegenüber der Vorkriegszeit verringert. Wenn man Unternehmerlohn und kalkulatorische Zinsen in die Gesamtkosten mit einbezieht, dürfte z. Zt. im Branchendurchschnitt dem einzelnen Unternehmer noch ein Reingewinn von etwa 3% bis 5% vom Umsatz bleiben. Nach der Währungsreform stiegen die Verkaufspreise infolge der starken Nachfrage und der nur zögernden Belieferung durch die Industrie von 98% im Juni 1948 auf 114% im Dezember 1948 (1949 = 100) und hatten damit den bisherigen Höchststand erreicht. Die später hinter den Erwartungen zurückbleibende Nachfrage und die ständig ansteigende Produktion bewirkten, daß der Preisindex bis Ende 1950 auf 81% zurückging. Im Jahre 1951 zogen die Preise — teils bedingt durch steigende Industrieverkaufspreise teils weil in der Reihenfolge der Bedarfsdeckung Porzellan wieder aktuell wurde — langsam wieder an. Diese steigende Preisbewegung kam erst im Februar 1952 bei 94% zum Stillstand. Bis Mitte 1954 sanken die Preise wieder langsam auf 86% ab.

Wenn sich auch die Wettbewerbsverhältnisse sowohl innerhalb des Fachhandels selbst, als auch gegenüber Sortimentshandel und Warenhäusern ständig verschärfen, dürfte doch der Glas-, Porzellan- und Keramikhandel auch weiterhin einen aufnahmebereiten Markt finden. Dabei bestehen besonders für den Fachhandel bei steigender Lebenshaltung der Bevölkerung und der sich daraus ergebenden differenzierten Nachfrage nach hochwertigen Gebrauchsgütern Aussichten auf eine günstige Umsatzentwicklung.

Wirtschaftliche und gefahrlose Verarbeitung der Glasflaschen.[1]

Die gesetzliche Unfallversicherung weist darauf hin, daß mit der Überwindung der Nachkriegsverhältnisse und der Normalisierung des Mineralwasser- und Bierverbrauchs die Unfälle durch Flaschenbruch leider einen beachtenswerten Umfang erreicht haben.

Die Haftpflichtversicherer erklärten, daß sie an allen technischen und wirtschaftlichen Maßnahmen, die zur Schadensverhütung dienen können, im Interesse der Gesamtheit ihrer Versicherungsnehmer außerordentlich interessiert seien.

Die Ansicht der verschiedensten Stellen kann dahin zusammengefaßt werden: Alle Beteiligten müssen Wert darauf legen, daß die zunehmende Zahl der Körperverletzungen durch Glasbruch mit allen Mitteln, die nach dem Stand der Wissenschaft und Technik zur Verfügung stehen, herabgesetzt wird. Der Sorgfaltspflicht der Abfüllbetriebe wird Genüge getan, wenn sie die individuellen Richtzahlen einer unabhängigen Glasprüfstelle berücksichtigen, deren Beachtung eine gefahrlose und damit eine wirtschaftliche Verwendung der Flaschen gewährleistet.

Die Technisch-Wirtschaftliche Arbeitsgemeinschaft hat bereits in 18/53 des „Sprechsaal" und in 8/54 der „Mineralwasserzeitung" „Richtlinien für die zulässige Höchstbeanspruchung von Bier- und Mineralwasserflaschen" gebracht. Als weiterer Beitrag zu diesem alle Flaschenerzeuger, Abfüllbetriebe, Flaschenhändler und -verbraucher interessierenden Thema wurde im Rahmen der Technisch-Wirtschaftlichen Arbeitsgemeinschaft — Treuhänderische Glasprüfstelle — eine Denkschrift über Körperverletzung durch Glasbruch ausgearbeitet, die (nach einem Hinweis auf die Auffassung der Berufsgenossenschaften usw.) geeignete Maßnahmen für Flaschenfabriken, Abfüllbetriebe und Händler empfiehlt. In der Ausgabe für Glashütten finden sich eingehende Erläuterungen für Flaschenhersteller und ein Entwurf für eine Anlage zu den allgemeinen Lieferbedingungen der Glasfabriken. Die Ausgabe der Denkschrift für Abfüllbetriebe bringt neben eingehenden Erläuterungen für diese Betriebe Richtlinien für deren Belegschaft.

Alles in allem kann festgestellt werden, daß Flaschen durchaus wirtschaftlich, das heißt mit nicht zu hohen Bruchziffern und gefahrlos verarbeitet werden können, wenn die in der Denkschrift zum Ausdruck kommenden Richtlinien beachtet werden. Die Arbeiten der Treuhänderischen Glasprüfstelle Herford bemühen sich insbesondere, Flaschenbeanspruchung und Flaschenfestigkeit derart aufeinander abzustimmen, daß auch z. B. bei hohen Sommertemperaturen nicht mit zu hohen Bruchziffern und einer Gefährdung der Verbraucher zu rechnen ist.

In 20-jährigen Forschungsarbeiten wurde eine Dauerstandfestigkeitslehre des Glases begründet, deren Grundsätze heute in den meisten Betrieben anerkannt sind. Die Prüfmethoden wurden auf die Tatsache abgestellt, daß die Festigkeit des Glaskörpers in hohem Grade von der Dauer der Belastung abhängig ist.

Besondere Prüfgeräte wie z. B. das Reisegerät nach Dr. Borchard trugen wesentlich dazu bei, daß in breitesten Kreisen laufend Dauerprüfungen durchgeführt werden.

Ein weiteres etwas schwereres aber dennoch wohlfeiles Gerät (das sogenannte Tischgerät) eignet sich nicht nur für die kurzzeitige sondern auch für die Dauerprüfung und daneben für die Durchführung des von dem gleichen Institut entwickelten Vorstufenversuches.

Bei dieser letzteren Versuchsart wird die Flasche zunächst einem Innendruck von z. B. 16 atü während einer Minute unterworfen, bevor der Druckanstieg bis zum Bruch erfolgt. Aus dem Verhältnis zwischen Bruchdruck und Vorstufendruck kann man unter Berücksichtigung der Vorstufendauer Schlüsse auf die etwaige Lage der Dauerstandfestigkeit ziehen, die dann durch einige Dauerversuche nachgeprüft wird. Mit Hilfe dieser Methode ist es gelungen, die Ermittlung der Dauerstandfestigkeit ganz wesentlich zu vereinfachen und zu beschleunigen.

Neben der Innendruckfestigkeit interessiert bei der Beurteilung von Gläsern die Festigkeit gegenüber Wärme- und Schlagbeanspruchungen. Z. Zt. werden Untersuchungen über die Schlagfestigkeit unter gleichzeitiger Innendruckbeanspruchung durchgeführt. Mit der Veröffentlichung der Ergebnisse ist in absehbarer Zeit zu rechnen.[2]

---

1) Diese Abhandlung über „Wirtschaftliche und gefahrlose Verarbeitung der Glasflaschen" wurde uns von der Technisch-Wirtschaftlichen Arbeitsgemeinschaft, Herrn Dr.-Ing. habil. Borchard K.G., Herford, zur Verfügung gestellt. Die Veröffentlichung erfolgt außerhalb der Verantwortung unserer Redaktion.

2) Die Technisch-Wirtschaftliche Arbeitsgemeinschaft, der das erwähnte Institut angehört, stellt eine Gruppe wirtschaftlicher und technischer Sachverständigen auf den meisten in Betracht kommenden technischen und wirtschaftlichen Gebieten dar. Die Arbeitsgemeinschaft befaßt sich also auch mit betriebswirtschaftlichen und energiewirtschaftlichen Fragen. Auf dem Gebiet der Selbstkostenrechnung sind Veröffentlichungen des Leiters des Institutes bekannt geworden.

FEINKERAMIK

RÜCKBLICK – STAND – AUSBLICK

Vom Ifo-Institut für Wirtschaftsforschung, München, unter Mitarbeit der Arbeitsgemeinschaft Keramische Industrie e. V., Frankfurt, mit ihren angeschlossenen Fachverbänden.

Abgeschlossen Oktober 1954

Bedeutung

Keramiken[1]) sind „Antipoden des Diamanten". Wenn es beim Diamanten die Seltenheit des Materials ist, die im wesentlichen seinen Wert ausmacht, dann liegt bei den Erzeugnissen der Feinkeramik die Wertschöpfung fast ausschließlich in der menschlichen Arbeit an einem Rohstoff o h n e eigentlichen Wert.

Im wesentlichen sind es inländische Rohstoffe, die in diesem arbeitsintensiven Industriezweig verwendet werden, wobei die menschliche Arbeitskraft mit 40 bis 50% des Wertes am Fertigfabrikat beteiligt ist (Stahlverarbeitung 10—30%, Zellstoffindustrie sogar nur 10—15%).

Das weitgespannte Produktionsprogramm umfaßt Erzeugnisse für den Konsum wie Geschirr, Bauzubehör wie sanitär-keramische Erzeugnisse und keramische Wand- und Bodenfliesen, technische Bedarfsartikel wie Elektrokeramik, Schleifmittel u. ä. Dies macht zusammen mit der erheblichen Exportintensität die Bedeutung der feinkeramischen Branche für die westdeutsche Volkswirtschaft aus.

Außerdem sind Keramiken wegen ihres oft hohen künstlerischen Wertes ein bedeutender Kulturfaktor. Da die Menschheit schon früh die Töpferei zu beherrschen lernte[2]), ist die Geschichte der Keramik untrennbar mit der Kulturgeschichte der Menschheit verbunden.

Die Stellung der Feinkeramik
im Rahmen der Industrie des Bundesgebiets 1953

Bereich	Feinkeramische Industrie	Anteil an der gesamten Industrie in Prozent
Beschäftigte[1])	69 189 Personen	1,2
Löhne und Gehälter	239 Mill. DM	1,0
Umsatz	767 Mill. DM	.
Auslandsumsatz	146 Mill. DM	1,0
Nettoproduktionswert 1950[2]) . . .	359 Mill. DM	0,9

1) Durchschnitt des Standes vom 30. Juni und 31. Dezember 1953 — 2) Wert der Produktion ohne Wert des verarbeiteten Materials

Quelle: Industriebericht (Betriebe mit 10 und mehr Beschäftigten)

Innerhalb der feinkeramischen Industrie gibt es noch eine bedeutende Anzahl hier nicht erfaßter Betriebe mit 1 bis 9 Beschäftigten. So arbeiteten im August 1950 von 682 feinkeramischen Industriebetrieben 318 — d. h. fast die Hälfte — mit weniger als 10 Beschäftigten und einem Anteil an der Gesamtbeschäftigtenzahl des Industriezweiges und an seinem Gesamtumsatz von 3,8% bzw. ca. 3%. In den folgenden Jahren stellte rund ein Drittel der industriellen Kleinbetriebe ihren Betrieb ein. Im Steptember 1953 wurden nur 559 Industriebetriebe gezählt, davon nur noch 214 Betriebe mit weniger als 10 Beschäftigten. Der Anteil der Kleinbetriebe an den Gesamtbeschäftigten fiel im gleichen Zeitraum auf 1,7%, der Anteil am Gesamtumsatz auf 1,5%. Die Kleinbetriebe waren dem verstärkten Konkurrenzkampf der letzten Jahre offenbar nur zum Teil gewachsen.

---

1) Keramos = griech. „Töpferware", kerameos = griech. „Töpfer".
2) Die ältesten Erzeugnisse der Keramik wurden im Orient und in Jütland entdeckt, sie stammen aus der Zeit um 6000 v. Chr.; die Töpferscheibe wurde in Ägypten um das Jahr 3000 v. Chr. erfunden.

Struktur der westdeutschen feinkeramischen Industrie
nach Betriebsgrößenklassen
Stand: September 1953

Bezeichnung	Insgesamt	davon in der Größenklasse mit				
		1—9	10—49	50—99	100—499	500 u. mehr
		Beschäftigten in Prozent				
Betriebe (Anzahl)¹) . . .	559	39	23	11	19	8
Beschäftigte (Anzahl) . .	71 253	2	4	6	37	51
Monatsumsatz (1000 DM)²)	69 915	1	4	6	43	46

1) Nach hauptbeteiligten Industriegruppen; alle im Industriebericht (einschl. Kleinbetriebe) vom September 1953 erfaßten Betriebe — 2) Ohne Handelsware, einschl. Verbrauchssteuer

Quelle: *Industriebericht, Teil 1, Mai 1954*

Außerhalb der Industrie gehört eine große Anzahl von **Handwerksbetrieben** zum feinkeramischen Gewerbe¹). Bei den Handwerksbetrieben handelt es sich durchweg um Kleinstbetriebe; der Anteil der im Handwerk Beschäftigten ist innerhalb des gesamten feinkeramischen Gewerbes stets weitaus kleiner als jener der Handwerksbetriebe. Das Handwerk ist am stärksten vertreten bei Ton- und Töpferwaren, Wand- und Bodenfliesen sowie Öfen, Haushalts-, Wirtschafts- und Ziergegenständen aus Steingut und Steinzeug.

Die Erzeugnisgruppen des feinkeramischen Gewerbes

Unter „Keramik" versteht man die Technik des gebrannten Tones und unterscheidet zwischen „Grobkeramik" und „Feinkeramik". **Grobkeramische** Erzeugnisse sind vor allem²) die Ziegelsteine und die sonstigen aus Ton erzeugten Baumaterialien und Bauteile, das Grobsteinzeug und die feuerfesten Erzeugnisse wie Schamottesteine, Schamottemassen, Graphiterzeugnisse (z. B. Graphitschmelztiegel), Klinkerplatten sowie die feuerfesten Boden- und Wandfliesen aus Ton. Diese Erzeugnisse gehören zur Industriegruppe Steine und Erden. Zur **Feinkeramik** zählen die Töpferwaren einschließlich Mayolika und Fayence, das Steingut, Steinzeug und das Porzellan, woraus Geschirr, Ziergegenstände, sanitäre Gegenstände, Baubedarf wie Fliesen, Kacheln, Öfen und Herde und keramische Wand- und Bodenfliesen, Elektrobedarf und technische sowie chemisch-technische Gegenstände hergestellt werden.

Feinkeramische Produktion¹) nach Werkstoffen im Bundesgebiet
Jahresdurchschnitt 1952/53

Erzeugnis bzw. Erzeugnisgruppe	Wert²) in Mill. DM.	davon in Prozent aus					
		Ton³)	Steingut⁴)	Steinzeug u. Feinsteinzeug	Porzellan	Steatit	nicht aufgegliedert
Haushalts- und Wirtschaftsgeschirr	253,5	0,7	10,1	2,4⁵)	86,8	—	—
Ziergegenstände	51,6	7,5	24,9	26,2	41,4	—	—
Dentalporzellan	12,6	—	—	—	100,0	—	—
Gärtnereibedarf	4,6	100,0	—	—	—	—	—
Sonst. Erzeugnisse aus Ton⁶)	1,5	100,0	—	—	—	—	—
Sanitäre Keramik . . .	55,4	19,0⁷)	36,3⁸)	.	44,7⁹)	—	—
Hochspannungsmaterial	37,2	.	.	.	89,2	.	10,8
Niederspannungsmaterial	37,5	.	.	.	35,8	58,6	5,6
Technische Gegenstände	10,1	.	.	.	79,3	.	20,7
Filtersteine	1,3	.	.	.	.	.	100,0
Chemisch-technische Gegenstände	3,1	.	.	.	71,4	.	28,6
Keramische Wandplatten¹⁰)	56,9	—	100,0¹¹)	—	—	—	—
Keramische Bodenplatten¹⁰)	38,6	.	.	.	.	.	100,0
Sonstige Erzeugnisse . .	160,8	.	.	.	.	.	100,0

1) Ohne Lohnveredlung — 2) Einschließlich Wertsteigerung durch Dekor — 3) Einschließlich Feuerton und Terrakotta — 4) Einschließlich steingutähnlicher Massen — 5) Graublaues Steinzeug, undekoriert — 6) Einschließlich Terrakotta — 7) Nur Feuerton — 8) Enthält lt. Industriebericht auch Feinsteinzeug — 9) Einschließlich porzellanähnlicher Massen — 10) Undekoriert — 11) Einschließlich Schamottemassen.

Quelle: *Industriebericht (Betriebe mit 10 und mehr Beschäftigten)*

---

1) 50 % der Betriebe mit einem Anteil von 5 % der Gesamtbeschäftigten des keramischen Gewerbes arbeiten auf handwerklicher Basis.
2) Nach dem Warenverzeichnis für die Industriestatistik.

Produktion der feinkeramischen Industrie im Bundesgebiet

Erzeugnis bzw. Erzeugnisgruppe	Menge[1] in 1000 t				Wert[2] in Mill. DM			
	1950	1951	1952	1953	1950	1951	1952	1953
Haushalts- und Wirtschaftsgeschirr sowie Ziergegenstände aus Porzellan	44,1*)[3]	49,2*)	56,0	59,8	155,2*)[3]	104,9*)[1]	236,7	246,6
aus Steingut u. ä.	18,3	24,3	16,8	16,8	29,4[3]	39,7[7]	36,9	39,7
aus Feinsteinzeug			10,0	9,3			17,0	18,0
aus graublauem Steinz.	0,2*)[3]		2,2	1,8	0,1*)[3]		2,0[1]	1,9[1]
Ton- und Töpferwaren	28,6	31,7	38,0	38,2	6,8	8,1	11,0	12,3
Künstliche Zähne (auch in Verbindung mit Metall)	40,7[4]	61,0[4]	49,9[4]	48,4[4]	9,5	14,2	12,0	13,2
Konsumgüter insgesamt	.	.	.	.	.	.	315,6	331,7
Hoch- und Niederspannungsmaterial	21,4	29,1	27,1	27,1	46,6	73,7	75,4	74,1
Techn. und chem.-techn. Erzeugnisse	4,7[5]	6,4[5]	6,3	6,0	11,0[5]	16,5[5]	14,6	14,6
Schleifscheiben und sonstige Schleifkörper	10,9	18,4	16,8	15,1	46,2	84,7	83,5	80,0
Schleifpapiere, -gewebe u. ä.	17,5[6][7]	19,9[6][7]	15,8[7]	19,0[7]	39,6[6]	57,5[6]	51,6	59,2
Sonstige Schleifmittel (z. B. Schleifpasten)	.	.	2,9	1,8	.	.	2,0	1,1
Industriebedarf insgesamt	.	.	.	.	.	.	227,1	229,0
Sanitäre Keramik	34,1	46,0	42,6	47,6	46,9	66,2	55,1	55,6
Keramische Platten	8,4[7]	10,5[7]	10,4[7]	11,3[7]	68,2	90,5	91,3	99,6
Kachelöfen[8] -herde[8], Ofenkacheln[9]	.[10]	.[11]	.[12]	.[13]	.	13,6	18,9	24,3
Baubedarf insgesamt	.	.	.	.	.	170,3	165,3	179,5
Lohnveredlungsarbeiten	.	.	.	.	.	.	1,2	2,2
Insgesamt	.	.	.	.	.	.	709,2	742,4

1) Undekoriert — 2) Dekoriert — 3) Ohne franz. Zone — 4) In Mill. Stück — 5) Einschl. keramischer Verpackungsbehälter — 6) Ohne Schleifmittel auf sonstiger Unterlage — 7) In Mill. m² — 8) Für alle Brennstoffe, auch für Gas und Strom — 9) Versch. Kachelzeug — 10) 20 052 Stück Öfen, 10 190 Stück Herde, 2,3 Mill. Kacheln — 11) 51 321 Stück Öfen und Herde, 3,9 Mill. Kacheln — 12) 30 467 Stück Öfen, 36 538 Stück Herde, 4,2 Mill. Kacheln — 13) 46 782 Stück Öfen, 39 850 Stück Herde, 5,4 Mill. Kacheln — *) Gewisse Ungenauigkeiten möglich, weil erst seit 1952 die Industriestatistik das gesamte Bundesgebiet einheitlich erfaßt.

Quelle: Industriebericht (Betriebe mit 10 und mehr Beschäftigten)

Das Produktionsverfahren der mannigfaltigen feinkeramischen Erzeugung ist im wesentlichen stets das gleiche. Der als Rohmaterial dienende Ton bzw. entsprechende Mineralmischungen werden mit Wasser vermengt und dadurch bildsam gemacht. Den daraus durch Drehen, Gießen oder Pressen geformten Gegenständen wird durch Trocknung das freie Wasser entzogen und anschließend durch einen Brennprozeß auch das chemisch in der Masse gebundene Wasser ausgetrieben. Der Ton erstarrt dadurch zum steinharten „Scherben", der sich durch Wasser nicht wieder erweichen läßt.

Für die Herstellung von Tonwaren dienen dabei zwei Rohstoffgruppen: Plastische Rohstoffe wie Tone und Kaoline und unplastische wie Quarz, Sand, Kreide, Feldspat u. ä. zur Mischung (siehe Schaubild: „Bau- und Werkstoffe im Dreistoffsystem Kalk-Kieselsäure-Tonerde").

Je nach Art und Zusammensetzung der Masse aus Rohstoffen dieser beiden Gruppen entstehen dabei die verschiedenen Arten feinkeramischer Erzeugnisse, die man mit Töpferware, Steingut, Steinzeug, Feinsteinzeug und Porzellan bezeichnet. Die nachstehende Übersicht erläutert diese Arten feinkeramischer Erzeugnisse näher, wobei als Gliederungsmerkmal, die Beschaffenheit des Scherbens dient[1]). Hierbei gilt jedoch die Einschränkung, daß sich die einzelnen Gruppen nicht vollkommen trennen lassen, weil je nach Mischung und Herstellungsverfahren verschiedene Übergangsformen vorkommen können. So gibt es z. B. reinweißes Steinzeug, während Elektroporzellan nicht mehr durchscheinend ist; dem Steinzeug wird u. U. Kaolin zugesetzt, während Porzellane Steinzeugton enthalten können usw.

In die nachfolgende Aufstellung lassen sich verschiedene Erzeugnisgruppen der feinkeramischen Industrie nicht einordnen; so werden z. B. Geräte für chemische und elektrische Verwendungszwecke aus dichtem oder fast dichtem Sinterzeug hergestellt, das neben Tonerde (Kaolin) Berylliumoxyd, Magnesia, Zirkondioxyd, Thoriumoxyd, Quarz usw. enthält. Daneben gehört die Herstellung von Schleif- und Schneidsteinen, Schleifmitteln und Schleifpasten ebenfalls zur Feinkeramik.

Die Schleif- und Schneidsteine, Schleifmittel und Schleifpasten teilen sich in zwei große Gruppen, und zwar: Schleifmittel mit Korund sowie Schleifmittel mit Siliciumkarbid, wobei als Bindemittel keramische Massen, Kunstharz, Gummi oder Magnesit verwendet werden. Die Erzeugung von Schleifpapier, Schleifgewebe und Schleifmitteln auf sonstiger Grundlage gehört ebenfalls dazu.

Produktionsstruktur der Feinkeramik im Bundesgebiet
Jahresdurchschnitt 1952/53

Erzeugnis bzw. Erzeugnisgruppe	Menge[1]) in 1000 t	in Prozent	Wert[2]) in Mill. DM	in Prozent
Haushalts- und Wirtschaftsgeschirr	76,2	17,66	253,5	34,89
Ziergegenstände	13,5	3,13	51,6	7,10
Dentalporzellan (künstliche Zähne)	0,0	0,01	12,6	1,73
Gärtnereibedarf	32,5	7,53	4,6	0,63
Sonstige Erzeugnisse aus Ton	2,3	0,53	1,5	0,21
Hochspannungsmaterial	11,5	2,67	37,2	5,12
Niederspannungsmaterial	15,6	3,62	37,5	5,16
Technische Gegenstände	3,6	0,83	10,1	1,39
Filtersteine	0,8	0,19	1,3	0,18
Chem.-techn. Gegenstände	1,8	0,42	3,1	0,43
Sanitäre Keramik	45,1	10,45	55,4	7,62
Keramische Wandplatten	81,0	18,78	56,9	7,83
Keramische Bodenplatten	108,0	25,03	38,6	5,31
Kachelöfen	5,4	1,25	6,8	0,94
Kachelherde	6,2	1,43	7,7	1,06
Ofenkacheln	9,7[3])	2,25	7,1	0,98
Schleifscheiben und -körper mit Korund	13,2	3,06	62,9	8,66
Schleifscheiben und -körper mit Siliziumkarbid	2,7	0,63	18,8	2,59
Schleifpapier-, -gewebe	(17,4)[4])	.	55,4	7,62
Schleifmittel auf sonst. Unterlage	(0,1)[4])	.	0,7	0,10
Sonstiges Schleifmaterial	2,3	0,53	1,6	0,22
Lohnveredlungsarbeiten	.	.	1,7	0,23
Insgesamt	431,4[5])	100,00	726,6	100,00

1) Undekoriert — 2) Einschließlich Wertsteigerung durch Dekor — 3) Umgerechnet von Stück in t (1000 Stück = 2 t) — 4) In Mill. m² — 5) Ohne Schleifpapier, Schleifgewebe und Schleifmittel auf sonstiger Unterlage sowie Lohnveredlungsarbeiten
Bemerkung: Produktion von Öfen, Herden und Kacheln in Stück siehe Seite 10

Quelle: Industriebericht (Betriebe mit 10 und mehr Beschäftigten)

1) Dieser kann z. B. gefärbt, ungefärbt, porös oder glasig dicht (gesintert) sein.

Arten der Feinkeramik
nach den Eigenschaften des Scherbens

Farbe / Dichte	nicht weiß brennend		vorwiegend weiß brennend (hellfarbig)		weiß brennend		Farbe / Durchsichtigkeit
	Erzeugnis	besondere Merkmale	Erzeugnis	besondere Merkmale	Erzeugnis	besondere Merkmale	
porös	**Töpferware**[1] (einschl. schamottierte Ware) *darunter:* Terrakotten Feuerton[2] Majolika[3] Halbmajolika (=Halbfayence) Fayence[3]	Scherben gelblich, hellrot bis dunkelschwarzbraun, nicht sehr hart. Unglasiert oder mit stark glänzender durchsichtiger Bleiglasur. Scherben gelblich oder rötlich brennend, bei Majolika farbig deckende, bei Fayence undurchsichtige weiß deckende Zinnglasur, auf der etwaige Bemalung leicht einsinkt (Fayencemalerei).			**Steingut**[4] *darunter:* Feldspatsteingut (Hartsteingut) Kalkspatsteingut Mischsteingut	Glasur durchsichtig mit leuchtenden Unterglasurfarben. Sehr hart, nur Aufglasurfarben, da weniger porös. Weicher als Hartsteingut. Liegt der Härte nach zwischen Feld- und Kalkspatsteingut. Trotz Härte porös genug für Unterglasurfarben.	nicht durchscheinend
	Steinzeug[5] (grobes Steinzeug) Rote Edelmassen Terra-Sigillata	Scherben härter als Stahl mit mattglänzendem, muschelartigem Bruch mit Erdglasur oder Salzglasur versehen; blaue (Kobalt), violette bis dunkelbraune (Braunstein) oder grüne (Chromoxyd) Unterglasurverzierungen.	**Feinsteinzeug**[5]	Dichter Bruch des Scherbens weißlich, elfenbeinfarbig, gelblichblau. Tonmasse geschlämmt und sorgfältiger aufbereitet als bei Steinzeug, wird zu Gebrauchs-, Zier- und Luxusgegenständen verarbeitet.			höchstens kantendurchscheinend
dicht (gesintert)	Elfenbeinporzellan Seladonporzellan Rosaporzellan	Scherben je nach Metalloxydzusatz leicht gefärbt (elfenbein, grün, rosa, bläulich). Bei Elfenbeinporzellan Manganoxyd, bei Seladonporzellan chromoxyd; bei Rosaporzellan Mangan- oder auch Goldsalze.			**Hartporzellan**[8] **Weichporzellan**[6][5] *darunter:* Frittenporzellan Knochenporzellan Segerporzellan Parian[9] (Bisquitporzellan)	Enthält mehr Tonerde, höhere Brenntemperatur, sehr harte, säurefeste Feldspatglasur. Enthält mehr Flußmittel[7], niedrigere Brenntemperatur. Scherben milchglasartig durchscheinend (Porzellanknöpfe). Scherben transparenter und weißer als bei anderem Porzellan. Nachbildung des ostasiatischen Porzellans. Stets unglasiert, marmorähnliche Oberfläche.	durchscheinend

1) Oft mit Beguß (Engobe) versehen, um Oberfläche zu glätten und zu färben, meist braun (Brauntöpferei) oder weiß (Weißtöpferei) — 2) Feuerfeste Töpferwaren aus sandhaltigen, temperaturwechselbeständigen Tonen (englischer oder Edelfeuerton) — 3) Auch mit Glasuren mit besonderen Effekten versehen (Matt-, Lauf-, Craquelé-, Aventurin-, Lüsterglasur) — 4) Läßt sich besonders leicht zu größeren Gegenständen verarbeiten, daher für sanitäre Keramik geeignet — 5) Oft Glasur mit besonderen Effekten (s. Fußnote 3). — 6) Gegen Sturz und Temperaturwechsel empfindlicher als Hartporzellan — 7) Feldspat — 8) Eine Vorstufe des Feinsteinzeugs mit nicht durchscheinenden Scherben ist das Tonsteinzeug — 9) Gehört zur Kategorie „Schmelzgut", wird insbesondere zur Herstellung von Figuren verwendet, auch zur Herstellung von Knöpfen. Unterglasurfarben bei Porzellan meist auf Blau, Grün und Schwarz beschränkt, weil andere Farben bei der hohen Glattbrandtemperatur verblassen.

Eine weitere Gruppe bilden die **Steatite**[1]), von denen es ebenfalls zwei Arten gibt und zwar: Magnesia-Massen wie Porzellan-Steatite, Forsterit-Steatite und Titan-Massen.

Dekor-Faktor der Wertschöpfung

Die Produktion der westdeutschen Feinkeramik setzt sich aus einer großen Anzahl von Gruppen zusammen, unter denen m e n g e n m ä ß i g das Haushalts- und Wirtschaftsgeschirr, die sanitäre Keramik sowie die keramischen Wand- und Bodenplatten dominieren. W e r t m ä ß i g nimmt das Haushalts- und Wirtschaftsgeschirr den wichtigsten Platz ein. W e r k s t o f f m ä ß i g gesehen (s. Tabelle S. D 24) ist das Porzellan der wesentlichste Werkstoff mit dem höchsten Anteil am Produktionswert. Die Wertsteigerung, die durch den Dekor bei den Erzeugnissen der Feinkeramik einzutreten pflegt, kommt in der Relation der mengen- und wertmäßigen Anteile vor allem des Haushalts- und Wirtschaftsgeschirrs einschließlich der Ziergegenstände zum Ausdruck, wo Mengenanteil sich zum Wertanteil an der Gesamtproduktion wie 1:2 verhält. Im Vergleich dazu sind bei einem Verhältnis von 3,5:1 die keramischen Wand- und Bodenplatten und mit einem Verhältnis von 10:1 der Gärtnereibedarf einschließlich der sonstigen Erzeugnisse aus Ton, Erzeugnisgruppen mit besonders niedrigem spezifischen Wert.

Auf diese Weise spielt im Produktionsprogramm der feinkeramischen Industrie (hauptsächlich bei Haushalts-, Wirtschafts- und Ziergegenständen) die Dekoration eine große Rolle, weil sie eine bedeutende Wertsteigerung der Erzeugung nach sich zieht. Da diese Erzeugnisgruppe wertmäßig mit rund einem Drittel den Schwerpunkt der feinkeramischen Produktion bildet, beeinflußt der Dekor die Umsatzergebnisse der Branche ausschlaggebend. Dies wird noch augenscheinlicher, wenn man bedenkt, daß sich auch das Handwerk vornehmlich auf dem Gebiet der Haushalts- und Wirtschaftsgegenstände betätigt. Das heißt aber, daß neben dem manuellen Arbeiter auch das Kunstgewerbe und Kunsthandwerk ebenso wie der Künstler[2]) an der Wertschöpfung beteiligt sind. Bei der Baukeramik spielt der Dekor ebenfalls eine Rolle.

Wertsteigerung durch Dekor bei feinkeramischen Erzeugnissen
im Bundesgebiet[1]) 1950

Erzeugnisgruppe	Wertsteigerung durch Dekor in Prozent des Wertes der undekorierten Ware
Haushalts- und Wirtschaftsgeschirr	
aus Porzellan	78
aus Feinsteinzeug	32
aus Steingut	21
Ziergegenstände	
aus Porzellan	164
aus Feinsteinzeug	.
aus Steingut	46
Zusammen	73
1) Ohne franz. Zone	

Quelle: Industriebericht, Sonderheft 1; Statistisches Bundesamt, Wiesbaden

Aus der Übersicht geht hervor, daß die Wertsteigerung durch den Dekor von dem Wert des Materials und dem Verwendungszweck beeinflußt wird. Die Dekorationstechniken sind dabei sehr mannigfaltig. Sie setzen sich zusammen aus:

1. Färbung der keramischen Masse
2. Farbigen Überzügen (Engoben)
3. Glasuren
4. Bemalung
5. Bedrucken
6. Vergoldung
7. Schliff

und Kombinationen dieser Schmückungstechniken.

Die nachfolgende Übersicht enthält die verschiedenen Dekorationstechniken und ihre Anwendung auf die einzelnen feinkeramischen Erzeugnisse. (s. Seite D 29)

Feinkeramik – regional ungleichmäßig verteilt

Der größere Teil der feinkeramischen Industrie des Deutschen Reiches befand sich 1939 in der heute russisch besetzten Zone und in den Gebieten östlich der Oder/Neiße. Im Durchschnitt waren jedoch die Betriebe kleiner als im Westen, wie aus dem niedrigerem Beschäftigtenanteil ersichtlich ist.

---

1) Steatit = Speckstein. Steatit wird in Europa nur im Süden des Fichtelgebirges gefunden. Talkschiefer, der ebenfalls für die Herstellung von Steatit-Massen verwendet wird, ist weiter verbreitet. Die westdeutschen Vorkommen liegen sämtlich in Bayern, wo 1952 30 000 t Talkschiefer und 12 000 t Speckstein gewonnen wurden.

2) Picasso arbeitet z. B. auf dem Gebiet der Keramik.

Dekorationsverfahren der Feinkeramik

Technik	Art	Anwendung bei
Glasuren	Farbige Glasuren	Töpferware, Majolika, Steingut, Steinzeug, Porzellan
	Zinnglasur	Fayence
	Glasuren mit besonderen Effekten, wie Mattglasur, Craquelé, Kristallglasur, Aventuringlasur, Lüsterglasur	Majolika, Fayence, Steingut, Steinzeug, Porzellan
Engobe (Beguß)		Töpferwaren, Steingut
Kobalt		Porzellan
Färbung der Masse		Porzellan
Bemalung	Handmalerei	Töpferware, Fayence, Majolika, Steingut, Steinzeug, Porzellan
	Unterglasurmalerei / Aufglasurmalerei	Steingut, Steinzeug, Porzellan
	Fayencemalerei	Fayence
Druck	Buntdruck	Steingut, Steinzeug, Porzellan
	Stahldruck (vorwiegend Schwarzdruck)	Porzellan
Golddekoration	Poliergold- und Glanzgolddekoration	Steingut, Steinzeug, Porzellan
	Goldätzkanten, echt und imitiert	Porzellan
	Imitierte Golddekoration	Porzellan
Schliff	Porzellanschliff	Porzellan

Verloren gingen vor allem die Porzellanindustrien Sachsens und Schlesiens sowie die in Mitteldeutschland ansässigen feinkeramischen Betriebe für die Herstellung von sanitärer Keramik, Fliesen, Elektrokeramik (zwei Drittel der deutschen Kapazität), Steingutgeschirr und Schleifkörpern (40 % der deutschen Kapazität); außerdem noch die im Raum von Berlin und in Mitteldeutschland ansässigen großen Kachelofenfabriken.

Bedeutung der Zonentrennung für die feinkeramische Industrie

Gebiet	1939 Betriebe[1]) Anzahl	Anteil in Prozent	Beschäftigte Anzahl	Anteil in Prozent
Ehem. Reichsgebiet[2])	2552	100,0	102858	100,0
davon: US-Zone	554	21,7	35495	34,5
Franz. Zone	326	12,8	5705	5,5
Brit. Zone	266	10,4	8815	8,6
Bundesgebiet	1146	44,9	50015	48,6
Berlin[3])	47	1,8	1462	1,4
Sowjet-Zone	1190	46,7	38667	37,6
Die vier Besatzungszonen	2383	93,4	90144	87,6
Saargebiet	14	0,5	3653	3,6
Gebiete östl. Oder/Neiße	155	6,1	9061	8,8

1) Techn. Einheiten, ohne Verwaltungs- und Hilfsbetriebe dieses Industriezweiges — 2) Grenzen von 1937 — 3) Alle vier Sektoren

Quelle: Statistisches Handbuch von Deutschland 1928 bis 1944

Durch Neugründungen und Erweiterungen bestehender Betriebe im Bundesgebiet ist es inzwischen gelungen, die fehlenden Kapazitäten wieder aufzubauen. Am leichtesten war dies bei Porzellan, weil die deutsche Porzellanindustrie seit jeher ihren Schwerpunkt in Bayern hatte. Schwerpunkte mit geringerem Gewicht befinden sich für Feinsteinzeug und Ziersteingut in Rheinland/Pfalz (Westerwald), für sanitäre Keramik und Schleifkörper in Nordrhein/Westfalen, für Schleifpapiere und Schleifgewebe in Niedersachsen.

Diese Schwerpunkte sind vor allem rohstoff- und kohlebedingt. So bezog die bayerische Porzellanindustrie früher ihre hochwertigen Kaoline und Tone frachtgünstig aus der Tschechoslowakei und den Bezirken um Halle und Leipzig, ihre Braunkohle aus Sachsen und dem Falkenauer Revier (Tschechoslowakei). Die feinkeramische Industrie des Westerwaldes verdankt ihr Entstehen den dortigen Tonvorkommen, die sich besonders für das bekannte graublaue Steinzeug eignen

(Höhr, Grenzhausen). Die Feinkeramik in Schlesien basierte ebenfalls auf dem dortigen Ton und der Nähe der mitteldeutschen und tschechischen bzw. oberschlesischen Kohlengruben (Bunzlauer Tonwaren). Das gleiche gilt für die sächsische Porzellanindustrie (Meißen), die Wiege der deutschen Porzellanindustrie.[1])

Die folgende Tabelle zeigt, daß — mit Ausnahme des Haushalts- und Wirtschaftssteingutes — jede der ausgegliederten Warengruppen in einem der Länder einen Schwerpunkt hat. Am deutlichsten ausgeprägt ist dies bei Haushalts-, Wirtschafts- und Zierporzellan (Bayern), Hoch- und Niederspannungsmaterial (Bayern), Haushalts-, Wirtschafts-Feinsteinzeug, Ziersteingut und -feinsteinzeug (Rheinland-Pfalz). Auch die — in der Tabelle nicht ausgewiesene — Ofenkachelerzeugung hat ihren Schwerpunkt im Lande Bayern.

Verteilung der westdeutschen Feinkeramik
auf die Länder des Bundesgebietes in Prozent (Bundesgebiet = 100)
Stand: Jahreswende 1953/54

Erzeugnis bzw. Erzeugnisgruppe	Basis	Schleswig-Holst.	Hamburg	Niedersachs.[1])	Nordrh. Westf.	Hessen	Bayern	Baden-Württ.	Rheinland Pfalz
Haushalts-, Wirtschafts- und Zierporzellan	t	—	—	1	1	—	97	—	1
Haushalts- und Wirtschafts-Steingut	t	32	—	4	5	19	15	20	5
Haushalts- und Wirtschafts-Feinsteinzeug	t	—	—	—	24	—	12	6	58
Ziersteingut und -feinsteinzeug	t	—	—	9	1	—	10	2	78
Sanitäre Keramik	t	6	—	—	58	13	6	12	5
Hochspannungsmaterial	t	—	—	—	24	—	66	—	10
Niederspannungsmaterial	t	—	—	—	10	1	88	1	0
Techn. und chem.-techn. Erzeugnisse	t	—	—	0	4	4	62	15	15
Keramische Wandplatten	m²	20	—	40	25	—	0	7	8
Keramische Bodenplatten	m²	12	—	0	15	—	28	—	45
Schleifscheiben und Schleifkörper	t	1	—	1	57	26	8	4	3
Schleifpapiere und -gewebe	m²	—	15	55	26	4	—	—	—
1) Einschließlich Bremen									

Quelle: Industriebericht (Betriebe mit 10 und mehr Beschäftigten); Berechnungen und Schätzungen des Ifo-Instituts

Kaolin, Ton und Kohle - die Grundlagen

Die Feinkeramik ist auf billigen Bezug von Kaolin, Ton und Kohle entsprechender Beschaffenheit angewiesen. Die Kohle muß vor allem schwefelarm sein. Daneben ist für die Art und die Qualität der feinkeramischen Erzeugnisse Eignung und fachliche Erfahrung der Arbeitskräfte ausschlaggebend.

Kohleneinfuhr des Bundesgebiets aus der Tschechoslowakei
in 1000 Tonnen

Sorte	Jahr	1.	2.	3.	4.
			Vierteljahr		
Braunkohle und Braunkohlenbriketts	1950	283,1	218,0	268,5	297,6
	1951	6,5	25,2	254,4	89,6
	1952	14,3	163,3	145,8	202,4
	1953	123,2	135,8	134,0	200,2
	1954	97,8	160,2	184,4	.
Koks und Schwelkoks	1950	7,9	6,0	10,6	30,0
	1951	—	—	16,9	—
	1952	—	—	17,4	9,7
	1953	15,7	27,3	19,1	33,0
	1954	18,4	15,3	23,2	.

Quelle: Zahlen zur Kohlenwirtschaft. Deutsche Kohlenbergbauleitung

---

1) Johann Friedrich Böttger, geb. 1682 in Schleiz, erfand in Dresden 1709/10 das rote Böttger-Porzellan — eine Art Steinzeug — und anschließend das weiße Porzellan, das erstmalig zur Ostermesse 1713 in Dresden öffentlich verkauft wurde.

Durch Zonentrennung und politische Veränderungen in Osteuropa wurde die westdeutsche Feinkeramik von ihren Rohstoff- und Kohlenbezugsgebieten in Mitteldeutschland und in der CSR abgeschnitten. Bei Kohle mußte sie sich z. T. völlig umstellen. Besonders in Bayern ergab das Ausweichen von tschechischer Braunkohle auf Ruhrkohle je nach Sorte drei- bis fünffach längere Frachtwege.

Die Tabelle zeigt die Unstetigkeit der Einfuhr von Braunkohle und Koks aus der CSR nach dem Kriege, zurückzuführen auf die wechselnde Exportpolitik dieses Staates. Erst in der letzten Zeit floß die tschechische Braunkohle gleichmäßiger und etwas reichlicher. Gegenüber früher sind die Importe stark zurückgegangen[1]). Inzwischen konnte der Ausfall von CSR-Kohlenlieferungen mengen- und sortenmäßig durch Ruhrlieferungen ausgeglichen werden.

Kohleverbrauch der feinkeramischen Industrie
in 1000 Tonnen Steinkohleneinheiten

Verbrauchsart	Jahr	1.	2.	3.	4.
			Vierteljahr		
Kohleverbrauch insgesamt	1950	120,6	106,3	109,3	128,1
	1951	133,2	134,0	125,8	131,9
	1952	146,6	126,9	121,4	130,6
	1953	128,1	119,8	119,7	132,8
	1954	142,0	130,1	130,4	.
darunter:					
tschechische Braunkohle	1950	25,0	21,0	21,6	26,8
	1951	4,6	0,2	12,9	5,3
	1952	1,0	19,1	16,0	20,6
	1953	13,4	15,9	16,6	20,9
	1954	14,0	12,3	19,1	.

Quelle: Industriebericht (Betriebe mit 10 und mehr Beschäftigten)

Die Notwendigkeit, mitunter kurzfristig von tschechischer auf andere Kohle auszuweichen, verursachte in den letzten Jahren beträchtliche Schwierigkeiten, die erst allmählich überwunden wurden.

Versorgungsschwierigkeiten bei Kaolin ergaben sich vor allem aus der Qualitätsfrage. Die Abtrennung von den mitteldeutschen und tschechischen Kaolin- (aber auch Ton-) Gruben zwang auch hier zu Umstellungen, die in der feinkeramischen Industrie sehr schwierig sind. Geringe Veränderungen in der Zusammensetzung der keramischen Masse bedingen oft erhebliche Wandlungen im Fabrikationsprozess und in den Eigenschaften des Erzeugnisses. Ein gutes Rezept („Masseversatz") wird deshalb möglichst beibehalten. Da sächsisches Kaolin erst in letzter Zeit

Kaolinaufkommen im Bundesgebiet
in 1000 Tonnen

Bereich	Jahr	1.	2.	3.	4.
			Vierteljahr		
Produktion[1])	1950	66,5	66,9	80,4	79,7
	1951	67,4	74,9	77,9	78,4
	1952	72,7	74,6	69,9	65,9
	1953	61,4	65,0	72,0	73,2
	1954	64,7	72,3	78,3	.
Einfuhr[2])	1950	13,4	16,2	15,6	16,8
	1951	11,6	18,3	19,6	22,6
	1952	28,6	22,2	14,8	26,5
	1953	19,1	17,3	23,3	30,8
	1954	26,0	28,8	28,8	.
darunter:					
aus der CSR[2])	1950	6,1	10,1	6,2	6,2
	1951	1,4	6,1	5,6	5,1
	1952	4,6	4,4	3,0	4,9
	1953	4,5	4,0	4,0	3,7
	1954	5,3	4,2	3,6	.

1) Geschlämmt einschl. des zum Absatz bestimmten rohen Kaolins — 2) Einschließlich Kaolin für die Papierindustrie und sonstige Zwecke

Quelle: Industriebericht (Betriebe mit 10 und mehr Beschäftigten); Amtliche Außenhandelsstatistik

---

1) 1936 wurden je Quartal 431 000 t Braunkohle und -briketts aus der CSR eingeführt.

wieder geliefert wird, während ein geregelter Bezug von Zettlitzer Kaolin aus der CSR auch heute noch nicht erreicht werden konnte, mußte auf englische, griechische und spanische Kaoline ausgewichen werden. So ist die nordrhein-westfälische sanitär-keramische Industrie fast völlig auf englische Kaoline, die westdeutsche keramische Fliesen-Industrie auf einheimische Tone ausgewichen. Gleichzeitig wurde die Produktion der bayerischen Kaolingruben verbessert und erhöht.

Aus den Zahlen geht der bis 1952 steigende Trend der Kaolineinfuhr, die Unstetigkeit und allgemein sinkende Tendenz der Kaolineinfuhr aus der CSR hervor. Auch die Qualität des tschechischen Kaolins ist merklich zurückgegangen[1]). Bis es der Porzellanindustrie gelang, die notwendigen Einfuhren an hochwertigem Kaolin aus Westeuropa sicherzustellen bzw. sich auf andere Kaoline umzustellen, mußte zeitweise der Fehlbedarf an Zettlitzer Kaolin durch Kompensation (oder gegen Dollars) z. B. über die Schweiz besorgt werden.

Beschäftigte - Maßstab der Auslastung Infolge der Lohnintensität der feinkeramischen Fertigung drückt sich eine Expansion dieses Industriezweiges vor allem in den Beschäftigtenzahlen aus.

Beschäftigte und Umsatz der feinkeramischen Industrie
in den Ländern des Bundesgebietes

Land	Beschäftigte am Jahresende				Umsatz			
	1951	1952	1953	Anteil 1953 in Proz.	1951	1952	1953	Anteil 1953 in Proz.
					in Mill. DM			
Schlesw.-Holstein . . .	1922	1918	2504	3,6	32,3	30,7	35,8[1])	4,7
Hamburg	264	282						
Bremen	1432	1239	1505	2,1	68,7	16,4	19,3	2,5
Niedersachsen	3299	3121	3341	4,8		46,2	51,8	6,7
Nordrh.-Westfalen . . .	8184	7818	8723	12,4	146,9	138,3	147,9	19,3
Hessen	3507	3254	3395	4,8	53,4	50,0	49,8	6,5
Bayern	38456	38816	40663	57,8	323,8	335,8	350,5	45,7
Baden-Württ.	4262	4098	4146	5,9	46,9	40,8	42,5	5,5
Rheinl.-Pfalz	4888	5529	6067	8,6	52,4	59,5	69,9	9,1
Bundesgebiet[2]) . . .	66214	66075	70344	100,0	724,2	717,7	767,3	100,0

1) Juni geschätzt — 2) Abweichungen von der Summe der Länderwerte sind durch Auf- bzw. Abrundungen verursacht

Quelle: Industriebericht (Betriebe mit 10 und mehr Beschäftigten)

Die Beschäftigtenzahl in der westdeutschen Feinkeramik nahm seit der Währungsreform bedeutend zu und erreichte am 31. 12. 1953 mit 70344 Personen bereits 132% des Standes von Ende 1949. Sie zeigt also fast dasselbe Wachstum wie Produktion und Umsatz.

Zur Entwicklung der feinkeramischen Industrie seit 1950
1950 = 100

Kennziffer	1951	1952	1953
Umsatz, preisbereinigt 1938 = 100	128	126	133
Produktion	131	126	130
Beschäftigte (30. 6.)	118	121	124

Quelle: Industriebericht (Betriebe mit 10 und mehr Beschäftigten)

Der Schwerpunkt der westdeutschen feinkeramischen Industrie liegt seit der Währungsumstellung sowohl bei den Beschäftigten (rd. 38%) als auch beim Umsatz (rd. 46%) praktisch unverändert in Bayern.

Mit Abstand folgt Nordrhein-Westfalen; die übrigen Länder der Bundesrepublik sind hier von geringerer Bedeutung.

Daß die lohnintensive Porzellanindustrie in Bayern liegt und sanitäre Keramik und keramische Wand- und Bodenfliesen hauptsächlich in Nordrhein/Westfalen produziert werden, drückt sich in den verschiedenen Beschäftigten- und Umsatzanteilen dieser Länder aus. Während Bayern am 30. 12. 1953 38% und Nordrhein-Westfalen 12% der Beschäftigten der Feinkeramik aufwies, betrugen die jeweiligen Umsatzanteile 1953 jedoch 46% und 19%. Die geringere Lohnintensität der nordrhein-westfälischen keramischen Massenartikel kommt in dem relativ hohen Umsatzanteil deutlich zum Ausdruck.

---

1) Das für die Porzellanindustrie wesentliche Zettlitzer Kaolin bildet nur einen Teil der Einfuhr aus der CSR, die Bundesrepublik bezieht von dort Kaoline auch für die Papierproduktion und sonstige Zwecke.

Bedarf und Nachfrage

Die Nachfrage nach feinkeramischen Erzeugnissen hat seit der Währungsreform im Juni 1948 im großen gesehen drei Perioden durchlaufen.

1. Von der Währungsreform bis zum Koreakonflikt 1950.

    Nachholbedarf an Haushalts- und Wirtschaftsgeschirr aller Art. Bedarf der kräftig belebten Bauwirtschaft an sanitärer Keramik und keramischen Wand- und Bodenfliesen.

2. Vom Herbst 1950 bis Ende 1951.

    Verstärkte Konsumentennachfrage. Vorratskäufe der Industrie (Elektrokeramik, technische, chemische und sanitäre Keramik). Lageraufbau des Fachhandels, erhöhte Auslandsnachfrage infolge Ausbau der Auslandsbeziehungen.

3. Ende 1951 bis Ende 1953

    Nachholbedarf im wesentlichen gedeckt. Stagnierende bzw. leicht sinkende Inlandsnachfrage, z. T. wegen des Lagerabbaues im Facheinzelhandel. Wachsender Konkurrenzkampf auf den Exportmärkten bei zunehmender Stabilisierung der Inlands- und Auslandsnachfrage. Käufermarkt.

Der mengenmäßige Absatz der feinkeramischen Industrie konnte sich — insgesamt gesehen — auf einem bemerkenswert stabilen Niveau halten. Dies kommt in den Umsatzzahlen und in der Entwicklung des Produktionsindex zum Ausdruck.

Zur Ertragslage der Feinkeramik
im Bundesgebiet

Bezeichnung der Kennziffer	1950	1951	1952	1953
	Monatsdurchschnitte in DM			
Umsatz je Beschäftigten	743	936	895	931
Löhne und Gehälter je 1000 DM Umsatz	298	290	314	322
Lohnkosten je geleistete Arbeitsstunde	1,16	1,36	1,41	1,46

Quelle: Industriebericht (Betriebe mit 10 und mehr Beschäftigten); Berechnungen des Ifo-Instituts

Der Umsatz je Beschäftigten stieg von 743 DM im Jahre 1950 auf 931 DM, d. h. um 25%; die steigenden Lohnkosten konnten jedoch durch Preis- und Umsatzsteigerungen nur z. T. kompensiert werden, da die Lohnkosten je Stunde seit 1950 eine Zuwachsrate von 25%, der Lohnanteil am Umsatz eine solche von 8% aufweisen.

Produktion und Produktivität der feinkeramischen Industrie
im Bundesgebiet
1936 = 100

Bereich	Jahr	1.	2.	3.	4.	Jahres ergebnis
		Vierteljahr				
Produktionsindex, arbeitstäglich	1950	94	96	99	124	103
	1951	128	140	130	142	130
	1952	140	127	126	133	131
	1953	123	130	136	147	134
	1954	153	162	164	.	.
Produktivität je Arbeiterstunde ...	1950	76	73	76	82	77
	1951	88	90	86	89	88
	1952	80	77	78	77	78
	1953	76	77	80	80	78
	1954	83	85	.	.	.

Quelle: Industriebericht (Betriebe mit 10 und mehr Beschäftigten)

Die Produktionsausweitung wurde vor allem getragen von der erhöhten Erzeugung von Wirtschafts- und Haushaltsgegenständen, von der sanitären und von der Baukeramik. Besonders stürmisch entwickelte sich (Ersatz für die mitteldeutschen Produktionsstätten) die Produktion von S t e i n g u t und S t e i n z e u g. Im ganzen gesehen erhöhte sich das Produktionsniveau erst im 1. Halbjahr 1954 wieder wesentlich. Das Absinken der Produktivität je Arbeiterstunde seit 1951 dürfte deshalb darauf zurückzuführen sein, daß Nachfrage und Produktion sich immer stärker auf Waren mit höherem Veredlungsgrad verlagerten. Größere Schwankungen sind in den Preisen bisher nicht eingetreten.

Erzeugerpreise der feinkeramischen Industrie
im Bundesgebiet
1938 = 100

Jahr Branche	1948 Juli-Dez.	1949	1950	1951	1952	1953	1954 1. Halbj.
		Monatsdurchschnitte					
Feinkeramik insges.	185	189	185	208	209	208	204
darunter:							
Porzellangeschirr	205	213	204	233	238	239	234
Sanit. Keramik	171	186	189	208	185	151	152
Keram. Platten	178	179	186	191	192	192	192

Quelle: Indexziffer der Erzeugerpreise; Statistisches Bundesamt, Wiesbaden

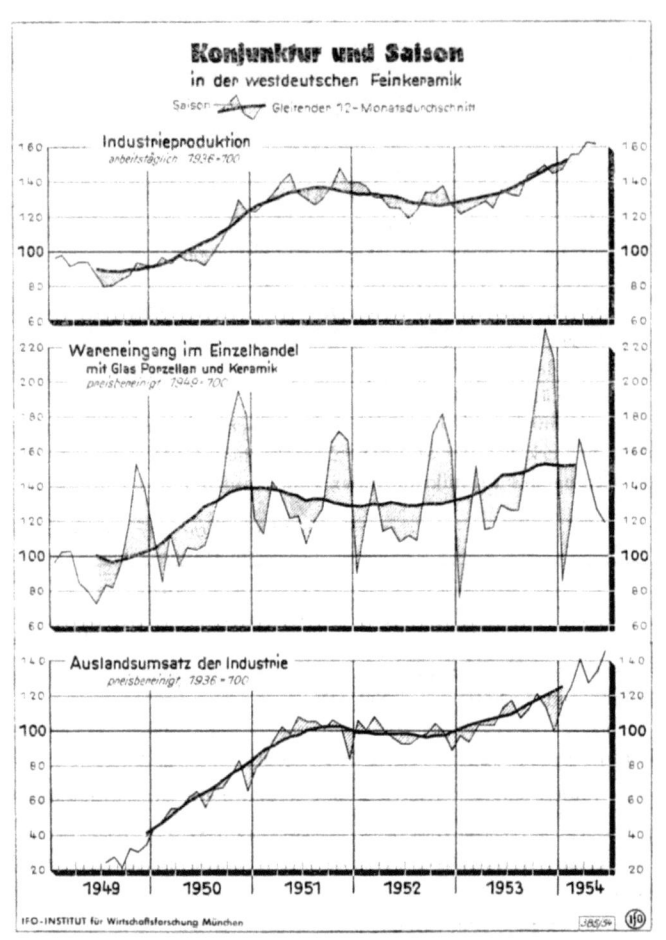

Lediglich die Erzeugerpreise der Sanitärkeramik sind im 1. Halbjahr 1952 erheblich zurückgegangen. Im April 1952 fiel der Preisindex für sanitär-keramische Erzeugnisse von 205% auf 158% (1938 = 100) und bis Juli 1952 auf 140% - d. h. insgesamt um rund ein Drittel. Seit Juli 1952 haben sich dann die Preise für sanitäre Keramik auf 150% (1938 = 100) bzw. rund 81% von 1950 stabilisiert. Dies wurde durch die Konkurrenz des Auslandes und der ostzonalen Einfuhren hervorgerufen; z. T. geht es auch auf das erhöhte Inlandsangebot infolge Rationalisierung und Ausbau der sanitär-keramischen Branche zurück. (Die Produktion stieg von 34 000 t im Jahre 1950 auf 46 000 t im Jahre 1951).

Produktion und Umsatz der feinkeramischen Industrie zeigen eine ausgeprägte Saisonbewegung (siehe Schaubild) mit einer Flaute im Sommer und dem Höhepunkt im Herbst (Weihnachtsgeschäft, Saison für die Innenausstattung der Neubauten).

Qualitätsbetonter Export nach dem Kriege

Die Exportquote der westdeutschen Feinkeramik hat sich seit 1949 verdoppelt und ist zurzeit höher als 1936. Seinem absoluten Wert nach hat sich der Auslandsumsatz gleichzeitig vervierfacht, so daß im Jahre 1953 für rund 146 Mill. DM exportiert wurde.

Exportquoten der feinkeramischen Industrie im Bundesgebiet

Bereich	Einheit	1936[1])	1949[2])	1950	1951	1952	1953
Inlandsumsatz . .	Mill. DM	261,4	338,3	427,8	590,8	581,5	621,5
Auslandsumsatz . .	Mill. DM	54,9	36,5[3])	74,8	133,4	136,1	145,9
Exportquote[4]) . .	Prozent	17,4	9,8	14,9	18,4	19,0	19,0

1) Deutsches Reich — 2) Ohne franz. Zone — 3) August, September, Dezember geschätzt — 4) Anteil des Auslandsumsatzes am Gesamtumsatz

Quelle: Industriebericht (Betriebe mit 10 und mehr Beschäftigten); Statistisches Handbuch für Deutschland 1928 bis 1944

Da die feinkeramischen Erzeugnisse fast ausschließlich aus inländischen Rohstoffen bestehen und die Wertschöpfung zu mehr als 50% auf menschlicher Arbeit beruht, ist dieser Export für die Bundesrepublik von besonderem Wert. Bemerkenswert ist, daß sich die exportierten Mengen gegenüber 1936 zwar auf die Hälfte verminderten (1953 Bundesgebiet: 58 000 t; 1936 Deutsches Reich: 112 000 t), der Exportwert jedoch von 57 Mill. RM im Jahre 1936 auf 158 Mill. DM im Jahre 1953 stieg. Der Exporterlös je t ist also auf das Fünf- bis Sechsfache gegenüber 1936 gestiegen und damit zweieinhalb bis dreimal größer als dem Anstieg der Preise seit 1938 entspricht. Die Ursache liegt in der anderen Struktur der Ausfuhr.

Während 1936 die Hauptpositionen des Exportes feinkeramischer Waren mengenmäßig von Wand- und Bodenplatten und sanitärer Keramik gestellt wurden, liegt der Schwerpunkt der heutigen Ausfuhr bei Haushalts- und Wirtschaftsgegenständen aus Porzellan einschließlich keramischer Ziergegenstände. Die heutige Ausfuhr hat also eine ausgesprochene Tendenz zum höheren Veredlungsgrad, während in der Auslandsnachfrage vor dem Kriege die Bauwirtschaft dominierte. Westdeutschland führt zwar auch heute nicht unbeträchtliche Mengen an technischer Keramik aller Art aus. Der Schwerpunkt liegt aber nicht mehr bei Baukeramik, sondern bei Schleifmitteln und in der Elektrokeramik.

Die Hauptursache für diese Wandlungen liegt in der wachsenden Industrialisierung der Welt. Der Ausbau eigener Industrien läßt die Auslandsnachfrage nach Erzeugnissen, die relativ leicht im Lande selbst hergestellt werden können, sinken. Dadurch verlagert sich die Nachfrage nach Erzeugnissen, die nicht ohne weiteres nachzuahmen sind — wie Markenporzellane oder Hochspannungsmaterial —, da sie einen hochentwickelten Produktionsapparat, Erfahrung und qualifizierte Facharbeiter voraussetzen.

Ausfuhr feinkeramischer Erzeugnisse
nach Erzeugnisgruppen 1936 und 1950—1953

Erzeugnisgruppe	Maßeinheit	Deutsches Reich 1936	1950	1951	1952	1953	Export 1953 1936=100[1]
				Bundesgebiet			
Geschirr-, Haushalts- u. Toilettegegenst. aus Porzellan	1000 t	13,5	8,9	13,1	13,3	16,1	119
	Mill. RM/DM	14,7	43,5	66,2	67,9	76,1	217
dto. aus anderen keramischen Stoffen	1000 t	8,0	2,1	3,8	3,4	3,2	40
	Mill. RM/DM	5,7	4,6	9,3	7,8	8,0	68
Phantasie- u. Ziergegenst. aus Keramik	1000 t	1,2	0,4	0,9	1,8	2,6	222
	Mill. RM/DM	3,9	5,5	11,3	15,7	20,7	218
Keramik f. sanitäre Zwecke u. Installation	1000 t	18,2	1,8	3,1	2,5	4,7	26
	Mill. RM/DM	9,5	2,5	5,9	4,8	6,9	48
Keramik f. chem.-techn. Zwecke, Landwirtschaft und Transport	1000 t	3,2	2,9	3,1	5,8	5,0	155
	Mill. RM/DM	1,1	2,8	3,5	5,3	4,4	192
Wand- u. Bodenplatten	1000 t	60,1	5,3	12,8	15,5	16,2	27
	Mill. RM/DM	12,6	3,5	8,9	9,9	8,4	35
Isolationsmaterial	1000 t	2,6	2,1	4,2	4,9	3,2	123
	Mill. RM/DM	1,7	4,7	12,2	17,1	12,7	306
Schleifmittel	1000 t	4,3	2,8	5,5	4,1	3,8	189
	Mill. RM/DM	6,2	10,2	24,1	18,9	18,3	142
Sonstige Waren aus keramischen Stoffen	1000 t	1,1	0,3	0,9	1,0	3,0	267
	Mill. RM/DM	1,4	0,6	1,4	1,7	2,0	95

[1]) Der Wert wurde mit den Preisen von 1938 bereinigt

Quelle: Amtliche Außenhandelsstatistik

Aus vorstehender Exportübersicht gehen Art und Ausmaß der Verlagerungen im Export feinkeramischer Erzeugnisse deutlich hervor. Man erkennt, daß bei der Mehrzahl der Erzeugnisgruppen der preisbereinigte Wertindex (1938 = 100) höher ist als der entsprechende Mengenindex (s. letzte Spalte der Tabelle).

Die Ausfuhr hat sich somit deutlich nach der teureren Ware hin verlagert. Bei den spezifisch teureren Waren sind beide Indices im allgemeinen höher als 100% — mit anderen Worten: Menge wie spezifischer Wert sind im Vergleich zu 1936 gestiegen — aber auch dort herrschen Tendenzen zur hochwertigen Ware vor.[1])

Regional gesehen ist die Ausfuhr nach fast allen Staaten außer Belgien, Italien, Österreich und den USA zurückgegangen; dazu kommt der Ausfall der Oststaaten als Importländer und der generelle Rückgang im Export der billigeren Warengruppen. Die Ursachen für diese strukturellen und regionalen Verschiebungen liegen zusammengefaßt im Ausbau bodenständiger feinkeramischer Industrien im Ausland, in den Importrestriktionen Lateinamerikas und des Sterlingblocks sowie im kalten Krieg (bzw. den besonderen Wirtschaftsverhältnissen in den Oststaaten).

Im folgenden werden die Verhältnisse in einigen Branchen der westdeutschen Feinkeramik dargestellt.

Die Geschirrindustrie

Innerhalb der Geschirrindustrie überwiegt mengen- und wertmäßig die P o r z e l l a n i n d u s t r i e. Nicht weniger als 98% dieser Erzeugung kommen aus Bayern. Daneben werden auch aus S t e i n z e u g Gegenstände für die Küche erzeugt, wie Schüsseln, Krüge, Häfen u. ä. mehr (Der Maßkrug aus Steinzeug ist weit verbreitet). Noch stärker hat sich daneben in der Geschirrherstellung das S t e i n g u t durchgesetzt, weil hier reiche Möglichkeiten der Dekoration durch Glasur und Bemalung vorliegen. Neben Haushaltsgegenständen wie Schüsseln, Schalen, Dosen,

---

[1]) Da die Preisbereinigung mit Hilfe Gruppenindices der Erzeugerpreise erfolgte, ist ein gewisser Fehler gegeben, so daß die Relation der erwähnten Indices nur bei erheblichen Differenzen zwischen Mengen- und Wertindex einen Aussagewert hat. Dieser Unterschied ist jedoch meist so erheblich, daß diese Feststellung berechtigt erscheint.

Krügen sind Tee-, Kaffee- und Eßgeschirre aus Steingut beliebt. Unbestritten ist hier aber die Vorherrschaft des Porzellans, das aus einem Privileg der Fürsten und Könige im Laufe von 250 Jahren zu einem Bedarfsartikel der breiten Masse geworden ist. Man unterscheidet auf diesem Gebiet Zierporzellan (d. s. Figuren, Tafelaufsätze, Vasen, Krüge, Schalen) und Geschirrporzellan.

Außerhalb des Geschmacklichen werden an keramisches Geschirr folgende technische Anforderungen gestellt:

1. Härte und Stoßfestigkeit des Scherbens;
2. rißfreie Glasur, die widerstandsfähig ist gegen Abnutzung beim Gebrauch und gegen Säuren, die in Eß- und Trinkwaren sowie Reinigungsmitteln enthalten sind;
3. Widerstandsfähigkeit gegen Temperaturschwankungen, die beim Einfüllen des Füllgutes und beim Reinigen auftreten;
4. Möglichkeit bequemer Reinigung;
5. Standfestigkeit durch richtig gelagerten Schwerpunkt;
6. tropffreie Ausgüsse und Schnaupen;
7. Griffigkeit der Henkel, Handhaben und Deckelknöpfe;
8. Handlichkeit im Raumbedarf.

In der Gestaltung ist die westdeutsche Geschirrindustrie traditionsgebunden; sie bevorzugt Nachbildungen alter Stile (Barock und Rokoko). Das Inlandsangebot wird im Stil auch dadurch beeinflußt, daß die Porzellanindustrie exportorientiert ist. Im Ausland sind Nachbildungen alter Stile[1]) gefragt. Da dort nur hochwertige Qualitätsarbeit den Konkurrenzkampf bestehen kann, ist dieses Geschirr meist sehr dünnwandige, transparente Ware, wo mitunter das Mehrfache dessen hergestellt werden muß, was an fehlerfreien Stücken exportiert wird. Der brauchbare Ausschuß gelangt auf die Inlandsmärkte.

Die mannigfachen Geschmacksrichtungen im In- und Ausland bedingen die hier typische Vielfalt der Modelle, wenn man auch heute nicht mehr — wie z. B. früher die Meißner Porzellanmanufaktur — bis zu 80 verschiedene Formen von Kaffeeservicen auf Lager hält. Noch größer als die Zahl der Modelle muß die Auswahl der Dekore sein. Besonders der Export verlangt eine große und auf den jeweiligen Markt abgestimmte Reichhaltigkeit des Angebotes.

Das Exportgeschäft wird in vielen Ländern auch durch die Verschiebungen im Handelswesen seit dem letzten Krieg erschwert. So sind z. B. im keramischen Fachhandel infolge des Krieges in Asien und in Afrika eingeborene Fachleute in führende Positionen gelangt. Diese Fachkräfte sind die alten Handelsregeln nicht gewohnt, kaufen nicht nach Katalogen und Offerten, sondern bevorzugen den Augenschein, was den Exporteur zur Teilnahme an überseeischen Messen und Ausstellungen bzw. zum Unterhalt von Auslieferungslagern u. ä. zwingt.

Auch die Exportspesen sind hoch. Der Zolltarif, die Transport- und Versicherungskosten und die seemäßige Verpackung erhöhen die europäischen Preise z. B. franko New-York um rund 100%. Der Importgroßhändler pflegt in der Regel 50 bis 60%, der Detailhändler weitere 100% aufzuschlagen, wodurch der europäische Nettoexportpreis ab Werk sich verfünf- bis versechsfachen kann.

Ausfuhr von Haushaltsporzellan
aus dem Bundesgebiet

Land	1936[1])		1950	1951	1952	1953	
	Tonnen	Prozent	Tonnen				Prozent
Insgesamt	13498	100	8905	13146	13317	16122	100
darunter nach:							
Belgien	562	4	1031	1231	1341	1346	8
Dänemark	1412	11	91	138	243	444	3
Großbritannien	726	5	3	9	—	16	0
Italien	1079	8	1651	3191	4551	6796	42
Niederlande	1540	11	1619	1470	1081	1408	9
Österreich	194	1	344	439	414	701	4
Rumänien	344	3	—	—	—	—	—
Schweden	797	6	402	1008	866	964	6
Schweiz	1186	9	1120	1613	1193	990	6
Türkei	241	2	247	481	357	144	1
Ägypten	606	4	66	140	60	53	0
USA	758	6	807	1380	1267	1619	10
Argentinien	197	1	1	77	115	11	0

1) Deutsches Reich

Quelle: *Amtliche Außenhandelsstatistik*

1) Zum Beispiel Barock- und Rokokogeschirr mit Kobaltgrund und reicher Goldauflage.

Die wichtigsten Zahlen aus der Feinkeramik

Gegenstand		Einheit	Jan.	Febr.	März	April	Mai	Juni	Juli	Aug.	Sept.	Okt.	Nov.	Dez.	Jahr MD	Jahr Summe
Produktion																
Insgesamt, arbeitstäglich	1951	1936 = 100	119	126	126	133	130	132	126	126	128	137	144	130	130	—
	1952	1935 = 100	140	138	132	131	125	125	119	124	134	134	138	127	131	—
	1953	1936 = 100	122	124	127	129	125	135	133	132	134	144	146	125	134	—
	1954	1936 = 100	147	156	156	163	162	160	158	164	169p	170p	150	145	134	—
Haushalts- und Wirtschafts-Steingut, undekoriert	1951	t	996	1045	1092	1122	1091	1145	1137	1165	1090	1290	1244	1109	1127	13526
	1952	t	1193	1181	1312	1263	1136	1027	1049	1067	1132	1205	1254	1208	1169	14027
	1953	t	1045	1062	1234	1257	1143	1156	1217	1171	1225	1276	1296	1153	1186	14235
	1954	t	1106	1134	1261	1262	1134	1112	1192	1098	1102	1099				
Haushalts- und Wirtschafts-Zierporzellan, undekoriert	1951	t	3741	3589	3861	4156	3839	4207	4131	4362	4324	4774	4575	4068	4136	49627
	1952	t	4832	4656	4792	4495	4522	4243	4326	4508	4854	5226	4900	4623	4665	55977
	1953	t	4708	4601	5090	4750	4478	5051	4999	4895	5372	5533	5274	5091	4987	59842
	1954	t	5034	5090	5505	5173	5368	5134	5346	5625	5773	6006				
Sanitäre Keramik	1951	t	3647	3595	3783	4043	3960	3813	3692	3901	3534	3793	3968	3881	3801	45611
	1952	t	3773	3594	3237	2918	3109	3203	3397	3649	3982	3949	3971	3915	3558	42697
	1953	t	3572	3014	3290	3643	3643	3743	4198	4403	4523	4935	4761	4848	4035	48424
	1954	t	4993	4453	4947	4960	5040	4846	5115	5347	5268	5641				
Hochspannungsmaterial	1951	t	791	755	839	885	790	795	715	759	728	869	830	837	799	9593
	1952	t	887	837	914	797	751	863	907	937	996	985	990	1025	910	10919
	1953	t	925	902	984	955	949	990	1080	1010	1008	1116	1072	1042	1003	12033
	1954	t	1163	1117	1271	1365	1354	1245	1308	1284	1314	1502				
Niederspannungsmaterial	1951	t	1532	1495	1609	1549	1534	1606	1607	1602	1586	1858	1864	1564	1617	19406
	1952	t	1830	1614	1579	1420	1350	1098	1245	1203	1247	1349	1182	1005	1344	16122
	1953	t	1034	931	1112	1078	1039	1260	1325	1347	1372	1504	1466	1538	1250	15006
	1954	t	1597	1618	1854	1594	1686	1738	1883	1970	2003	1937				
Technische und chemisch-technische Erzeugnisse	1951	t	448	474	477	546	497	557	542	537	566	529	581	562	526	6316
	1952	t	620	578	568	563	636	609	671	627	592	509	485	422	573	6880
	1953	t	398	378	517	485	479	614	651	483	499	539	501	571	508	6095
	1954	t	532	501	585	598	599	623	677	647	498	502				
Keramische Wandplatten, undekoriert	1951	1000 qm	453	487	536	574	570	544	536	575	591	600	599	554	552	6619
	1952	1000 qm	572	569	573	563	506	510	492	520	570	591	515	485	539	6466
	1953	1000 qm	500	452	499	541	578	624	659	674	697	699	696	612	603	7231
	1954	1000 qm	675	658	735	694	700	712	788	813	827	834				
Keramische Bodenplatten, undekoriert (Mosaikplatten)	1951	1000 qm	271	258	291	299	305	326	343	334	348	369	390	362	325	3896
	1952	1000 qm	373	337	345	318	309	290	310	320	328	332	333	329	327	3924
	1953	1000 qm	311	311	321	310	314	322	333	338	348	387	387	409	341	4091
	1954	1000 qm	379	377	413	416	409	449	453	484	520	509				
Schleifscheiben und sonstige Schleifkörper	1951	t	1423	1310	1443	1628	1680	1721	1592	1473	1322	1648	1648	1451	1528	18339
	1952	t	1678	1457	1547	1517	1417	1292	1343	1298	1321	1326	1292	1266	1396	16754
	1953	t	1211	1086	1232	1179	1154	1223	1283	1208	1373	1408	1382	1372	1259	15111
	1954	t	1518	1514	1781	1799	1768	1690	1835	1824	1691	1761				
Schleifpapier und -gewebe	1951	1000 qm	1665	1958	2161	1928	1686	1684	1653	1428	1516	1632	1466	1190	1664	19967
	1952	1000 qm	1501	1411	1360	1145	1128	1022	1194	1170	1292	1645	1514	1496	1323	15878
	1953	1000 qm	1329	1351	1459	1371	1330	1677	1787	1532	1619	1794	1626	1864	1562	18739
	1954	1000 qm	1506	1552	2035	1825	1824	1844	2047	1864	2073	2171				
Rohstoffversorgung																
Kohleverbrauch insgesamt	1951	1000 t SKE	44,7	43,7	44,8	44,9	44,4	44,7	41,3	43,3	41,2	44,5	43,9	43,5	43,7	524,9
	1952	1000 t SKE	49,6	48,0	48,9	43,4	40,1	40,2	40,1	40,1	41,1	44,5	42,9	43,2	43,8	525,3
	1953	1000 t SKE	44,1	41,1	42,9	40,3	39,5	40,0	39,3	38,2	42,2	44,1	43,7	45,0	41,7	500,4
	1954	1000 t SKE	46,3	47,0	48,7	44,1	44,2	41,8	42,8	43,4	44,2					
Verbrauch von tschechischer Braunkohle	1951	1000 t SKE	3,6	0,7	0,3	0,1	0,1	0,0	0,1	4,9	7,9	0,1	4,1	1,1	1,9	23,0
	1952	1000 t SKE	0,3	0,2	0,4	5,2	10,1	3,8	3,6	5,3	7,1	7,5	7,3	5,8	4,7	56,6
	1953	1000 t SKE	4,7	3,8	4,9	5,6	5,1	5,2	5,3	5,2	6,1	6,5	6,9	7,5	5,6	66,8
	1954	1000 t SKE	6,7	4,4	2,9	2,7	4,1	5,5	5,9	6,1	7,2					
Einfuhr von Kaolin	1951	t	3270	3612	4696	4503	4504	9300	7991	6384	5270	6720	5920	9933	6009	72103
	1952	t	12694	8131	7798	7874	7072	7206	5428	5367	3994	5574	8532	12408	7673	92078
	1953	t	7783	4931	5824	5639	6881	4760	8887	8091	6283	10938	10246	10253	7543	90516
	1954	t	7598	8119	10263	9088	10575	9140	9772	12327	6706					
dar.: aus der Tschechoslowakei	1951	t	396	235	752	721	2413	2983	3200	1718	655	1640	742	2702	1513	18157
	1952	t	1246	1598	1792	2033	967	1402	1009	936	1007	1440	1542	1894	1406	16866
	1953	t	1639	1216	1559	1530	1348	1092	1355	1372	1305	856	1316	1630	1352	16218
	1954	t	1756	1598	1953	1180	1497	1509	1199	1431	1007					
Umsatz																
Umsatz insgesamt	1951	Mill. DM	53,7	54,5	58,7	60,9	58,2	60,4	59,3	61,5	60,7	68,8	68,7	58,8	60,4	724,2
	1952	Mill. DM	61,8	57,7	61,5	58,1	56,3	53,4	57,0	57,6	64,3	69,3	64,6	56,0	59,8	717,8
	1953	Mill. DM	53,9	51,2	60,6	59,2	58,7	64,2	65,5	64,7	70,7	76,7	74,4	67,6	64,0	767,4
	1954	Mill. DM	64,1	64,9	74,3	71,3	72,0	72,6	77,1	78,6	82,6					
Auslandsumsatz	1951	Mill. DM	8,4	9,2	10,4	11,4	11,1	12,6	12,2	12,2	11,7	12,3	12,0	9,7	11,1	133,2
	1952	Mill. DM	12,2	11,6	12,5	11,4	11,0	10,6	10,4	10,9	11,1	11,9	11,3	10,0	11,2	134,9
	1953	Mill. DM	11,1	10,7	11,7	11,8	11,7	12,9	13,3	12,2	12,7	13,7	11,3	11,3	12,2	145,9
	1954	Mill. DM	13,1	14,1	15,7	14,2	15,0	16,0	16,7	16,8	17,1					
Exportquote	1951	vH	15,8	16,9	17,8	18,7	19,1	20,9	20,5	19,9	19,3	18,0	17,5	16,5	18,4	—
	1952	vH	19,7	20,1	20,4	19,7	19,5	19,8	18,3	19,0	17,3	17,2	17,4	18,2	18,9	—
	1953	vH	20,5	20,9	19,4	19,9	19,9	20,2	20,3	17,3	18,0	17,9	17,2	16,7	19,0	—
	1954	vH	20,5	21,8	21,1	20,0	20,9	22,0	21,6	21,3	20,7					

Produktion Oktober 1954 vorläufig

Die wichtigsten Zahlen aus der Feinkeramik

Gegenstand	Einheit	Jan.	Febr.	März	April	Mai	Juni	Juli	Aug.	Sept.	Okt.	Nov.	Dez.	Jahr MD	Summe
Außenhandel															
Einfuhr:															
Steinzeug, Ton, Porzellanerzeugnisse 1951	1000 DM	486	304	462	105	64	44	29	339	359	47	93	64	200	2396
1952	1000 DM	60	103	123	91	67	226	196	407	218	92	118	119	152	1820
1953	1000 DM	106	101	183	460	299	385	357	466	500	522	478	386	354	4243
1954	1000 DM	363	337	422	550	481	428	697	787	494	845				
Steinzeug, Ton, Porzellanwaren 1951	1000 DM	336	375	535	120	135	90	74	389	409	213	165	276	260	3117
1952	1000 DM	90	232	200	140	164	169	261	233	212	310	205	393	217	2609
1953	1000 DM	168	130	153	323	170	287	300	199	176	287	286	308	232	2787
1954	1000 DM	269	204	268	234	237	247	355	268	284	361				
Ausfuhr:															
Steinzeug, Ton, Porzellanerzeugnisse 1951	1000 DM	1761	1746	2388	3016	3284	3701	3999	4237	3626	3546	3182	4641	3261	39127
1952	1000 DM	2376	2076	2504	2209	2621	1958	2177	1525	1714	1726	1528	1748	2014	24162
1953	1000 DM	1171	1235	1294	1331	1376	1543	1680	1645	1603	1955	1799	2402	1586	19034
1954	1000 DM	2048	1977	2574	2298	2439	2573	2518	2481	2464	2547				
Steinzeug, Ton, Porzellanwaren 1951	1000 DM	5313	6434	7923	8727	8684	9156	8645	9530	8963	9502	8920	9632	8452	101429
1952	1000 DM	7918	8607	10724	9057	10157	9193	11460	10426	10783	10669	11894	11501	10199	122389
1953	1000 DM	7503	8775	10183	10166	10686	10530	11204	11028	11683	12822	12518	12710	10817	129808
1954	1000 DM	8964	11346	13890	11831	12514	12552	14245	14357	14712	16795				
Beschäftigung und Löhne															
Beschäftigte 1951	1000	60,9	61,8	62,6	63,6	64,2	64,7	65,2	65,9	66,3	66,5	65,9	66,2	64,5	—
1952	1000	66,8	66,7	67,5	67,6	67,4	67,0	67,0	65,9	67,1	67,2	67,1	66,1	66,9	—
1953	1000	66,3	66,4	66,6	67,0	67,4	68,0	68,7	69,3	70,1	70,6	70,6	70,3	68,4	—
1954	1000	70,9	71,6	72,6	73,4	74,3	75,6	76,6	77,6	78,2					
Löhne und Gehälter 1951	Mill. DM	15,3	14,1	15,9	16,1	18,2	17,9	17,9	18,7	17,7	18,9	19,2	19,7	17,5	209,6
1952	Mill. DM	18,8	17,7	18,2	18,7	19,2	17,8	18,6	18,2	19,1	19,7	19,5	20,0	18,8	225,5
1953	Mill. DM	18,6	17,3	18,9	19,2	19,2	19,9	20,4	19,9	20,7	21,5	20,8	22,6	19,9	239,0
1954	Mill. DM	20,7	19,9	21,8	22,1	22,1	22,8	23,6	24,0	24,2					
Ertragslage															
Umsatz je Beschäftigten 1951	DM	882	881	937	958	908	934	910	934	915	1034	1043	889	935	—
1952	DM	924	865	911	859	836	805	864	860	959	1031	965	847	894	—
1953	DM	813	772	910	885	871	944	952	933	1007	1086	1055	960	931	—
1954	DM	903	906	1023	971	969	961	1006	1013	1056					
Löhne und Gehälter je 1000 DM Umsatz 1951	DM	292	265	278	273	323	305	308	310	295	279	288	347	297	—
1952	DM	317	321	309	338	349	343	329	321	301	291	309	369	325	—
1953	DM	357	348	320	333	335	316	319	313	300	286	284	347	322	—
1954	DM	328	310	297	316	311	320	313	311	297					
Lohnkosten je geleistete Arbeiterstunde 1951	DM	1,25	1,23	1,26	1,23	1,44	1,38	1,40	1,42	1,38	1,41	1,56	1,36		—
1952	DM	1,38	1,35	1,30	1,42	1,47	1,47	1,44	1,44	1,38	1,37	1,45	1,48	1,42	—
1953	DM	1,44	1,42	1,36	1,47	1,53	1,46	1,49	1,49	1,42	1,42	1,43	1,54	1,46	—
1954	DM	1,49	1,42	1,41	1,49	1,49	1,52	1,51	1,53	1,49					
Index der Produktivität je Arbeiterstunde 1951	1936 = 100	←	79,2	→	←	79,4	→	←	77,8	→	←	80,0	→	79,1	—
1952	1936 = 100	←	79,8	→	←	76,7	→	←	77,8	→	←	77,2	→	77,9	—
1953	1936 = 100	←	76,3	→	←	77,2	→	←	80,1	→	←	79,9	→	78,4	—
1954	1936 = 100	←	84,8	→	←	85,0	→	←	84,1p	→	←		→		
Preise															
Index der Erzeugerpreise Feinkeramik insgesamt 1951	1938 = 100	197	199	203	204	207	212	212	212	212	212	213	214	208	
1952	1938 = 100	211	211	212	208	209	209	208	209	209	209	209	209	209	
1953	1938 = 100	209	209	209	208	208	208	208	208	208	207	207	207	208	
1954	1938 = 100	207	207	204	204	204	200	198	197	197	197				
dar.: Geschirr aus Porzellan 1951	1938 = 100	214	215	225	227	227	241	241	241	241	241	241	241	233	
1952	1938 = 100	236	236	238	238	238	238	238	238	238	238	238	237	238	
1953	1938 = 100	241	242	242	240	240	238	238	237	237	236	236	236	239	
1954	1938 = 100	236	234	234	234	234	234	226	226	226	226				
Sanitäre Keramik 1951	1938 = 100	195	203	207	207	207	207	210	210	210	210	205	205	206	
1952	1938 = 100	205	205	205	158	145	145	140	150	150	150	150	150	163	
1953	1938 = 100	150	150	150	150	150	150	152	152	152	152	152	152	151	
1954	1938 = 100	152	152	152	152	152	152	156	156	156	157				
Keramische Platten 1951	1938 = 100	186	191	191	191	191	191	191	191	191	191	191	191	191	
1952	1938 = 100	191	191	191	193	193	193	193	193	193	193	193	193	193	
1953	1938 = 100	192	192	192	192	192	192	192	192	192	192	192	192	192	
1954	1938 = 100	192	192	192	192	192	192	192	192	192					
Einzelhandelspreis Teller, Porzellan glattweiß 1951	DM/Stück	1,02	1,03	1,07	1,09	1,11	1,13	1,13	1,14	1,15	1,16	1,16	1,17	1,11	
1952	DM/Stück	1,18	1,18	1,19	1,19	1,18	1,18	1,17	1,17	1,17	1,19	1,19	1,19	1,18	
1953	DM/Stück	1,18	1,17	1,17	1,17	1,17	1,16	1,15	1,14	1,14	1,13	1,12	1,12	1,15	
1954	DM/Stück	1,11	1,11	1,10	1,10	1,10	1,10	1,10	1,10	1,09	1,09				
Index der Einzelhandelspreise Porzellan und Glaswaren 1951	1938 = 100	188	190	197	200	201	204	206	207	209	210	211	212	203	
1952	1938 = 100	213	213	213	213	212	210	209	207	207	207	206	205	210	
1953	1938 = 100	205	204	204	203	203	201	200	199	198	198	197	197	201	
1954	1938 = 100	196	196	196	195	195	195	195	194	194					

Als Konkurrenten im Export treten in den besseren Qualitäten England und in den billigeren Qualitäten Japan (Exportquote bei Geschirrporzellan 1949: 37%) auf; daneben konkurrieren die mit staatlichen Subventionen arbeitenden Porzellanindustrien der Tschechoslowakei, Polens und Mitteldeutschlands (sowjet. Besatzungszone).

Wenn es gelungen ist, mengenmäßig den Export des Deutschen Reiches wieder zu erreichen, dann ist dies neben der sorgfältigen Pflege der Exportmärkte folgendem zu verdanken:
1. Die deutsche Porzellanindustrie verblieb infolge ihrer Konzentration in Bayern nach der Zonentrennung weitgehend in Westdeutschland.
2. Der von früher her bekannte gute Ruf der deutschen Markenporzellane überdauerte die Zeit der Abschließung vom Weltmarkt.
3. Die deutsche Porzellanindustrie zeigte eine große Anpassungsfähigkeit an die unterschiedlichen Marktverhältnisse im Ausland.
4. Die alte Vorkriegsqualität blieb unverändert.

Die Sanitärkeramik

Das vorherrschende Produktionsverfahren bei der Herstellung sanitärkeramischer Erzeugnisse ist das Gießen in Gipsformen. Dabei werden sanitärkeramische Gegenstände — soweit nicht aus Porzellan — überwiegend in weißer Farbe hergestellt; Sanitärporzellan auch in anderen Farben. Eine Sonderstellung nehmen sanitäre Gegenstände aus Feuerton ein, da sie aus einem dickwandigen Scherben bestehen. Als Scherbenüberzug dient eine Schicht Porzellanmasse mit aufgeschmolzener Glasur. Aus Feuerton werden vornehmlich schwere Modelle hergestellt.

Produktion sanitärer Keramik 1950—1953
im Bundesgebiet in Tonnen

Erzeugnis	1950	1951	1952	1953
Sanitäre Erzeugnisse insges.	34113	46019	42607	47640
davon aus:				
Porzellan[1]	15386[2]	.	15812	16258
Feinsteinzeug	58[2]	.	14976	15427
Steingut	2720[2]	.		
Feuerton	11315[2]	.	11819	15955

1) Einschl. porzellanähnlicher Massen — 2) Ohne französische Zone

Quelle: Industriebericht (Betriebe mit 10 und mehr Beschäftigten)

Die sanitärkeramische Industrie erzeugt Klosettbecken, Urinale, Spülsteine, Ausgüsse, Waschrinnen, Waschtische, Friseurtische, Waschbecken, Brausewannen, Bidets usw. Die steigenden Ansprüche an Wohnhygiene in den letzten Jahrzehnten spiegeln sich u. a. darin, daß in Deutschland im Jahre 1920 auf 100 Wohnungen im Durchschnitt nur 12 Badezimmer kamen, während es 1950 bereits 42 waren. Wenn man bedenkt, daß im Jahre 1950 in der Schweiz aber 75 Badezimmer auf 100 Wohnungen kamen, kann man — selbst unter Berücksichtigung des Rückschlages, den die zwei Kriege im Wohnkomfort Deutschlands brachten — mit steigendem Bedarf rechnen.

Ausfuhr von sanitärkeramischen Erzeugnissen[1]
aus dem Bundesgebiet

Land	1936[2]		1950	1951	1952	1953	
	Tonnen	Prozent	Tonnen				Prozent
Insgesamt	18194	100	1803	3144	2518	4739	100
darunter nach:							
Belgien	876	5	455	426	265	531	11
Frankreich	448	2	8	143	68	93	2
Griechenland	432	2	185	187	65	377	8
Großbritannien	2853	16	17	—	—	—	—
Italien	153	1	217	271	870	1683	36
Niederlande	591	3	131	206	26	64	1
Rumänien	982	5	—	—	—	—	—
Schweden	773	4	2	5	—	—	—
Schweiz	387	2	193	526	298	291	6
Türkei	354	2	62	130	46	41	1
Argentinien	1223	7	—	49	260	—	—
Brasilien	683	4	89	187	20	218	5
Chile	550	3	1	61	156	29	1
Columbien	897	5	101	303	55	85	2
Peru	636	3	7	31	—	133	3
Venezuela	314	2	18	36	26	214	5

1) Die Tabelle enthält gewisse Ungenauigkeiten infolge unscharfer statistischer Ausgliederung der Grobkeramik u. Umstellung der Statistik im Okt. 1951 auf neue Meldepositionen — 2) Deutsches Reich

Quelle: Amtliche Außenhandelsstatistik

Im Export sanitärkeramischer Erzeugnisse nach dem Kriege sind, wie aus vorstehender Übersicht ersichtlich, gegenüber der Vorkriegszeit wesentliche strukturelle Umstellungen erfolgt.

Elektrokeramik Die Nachfrage nach elektrotechnischem Porzellan betrifft hauptsächlich Porzellanisolatoren aller Art und hat sich entsprechend der elektrischen Energieübertragung entwickelt. Insbesondere wuchs mit der zunehmenden Fernübertragung hochgespannten elektrischen Strom auch der Bedarf nach Freileitungsisolatoren für Hochspannungsleitungen. Das gleiche gilt für die Apparateporzellane und für elektrokeramische Massenartikel (Elektroinstallationsteile). Eine neue Entwicklung leitete die Herstellung elektrischer Widerstände auf Porzellankörpern und keramischer Kondensatoren für die Rundfunkindustrie, Hochfrequenz- und Meßtechnik ein.

Produktion elektrokeramischer Erzeugnisse
im Bundesgebiet in Tonnen

Erzeugnis	1950	1951	1952	1953
Elektrokeramik insgesamt	21353	29133	27078	27061
davon:				
Hochspannungsmaterial	7264	9581	10988	12044
und zwar				
aus Porzellan	6400	8900	9899	10643
aus sonst. keram. Material	864	681	1089	1401
Niederspannungsmaterial	14089	19552	16090	15017
und zwar				
aus Porzellan	7602[1]	.	7472	7185
aus Steatit	6074[1]	.	7726	7132
aus Steingut	54[1]	.	892	700
aus sonst. keram. Material	505	.		

1) Ohne franz. Zone

Quelle: Industriebericht (Betriebe mit 10 und mehr Beschäftigten)

Ein Beispiel für Anforderungen an elektrokeramische Erzeugnisse ist, daß mit der Entwicklung der Energieübertragung mit 380 000 Volt (Bündelleiter) die Isolatoren heute ein mehrfaches des Früheren an Gewicht und Belastung mit Sicherheit aufzunehmen haben. Apparateporzellane wachsen bei dieser Spannung bis zu einer Höhe von vier Metern.

Bei der Preisbildung wird die elektrokeramische Industrie dadurch behindert, daß die Energieversorgungsunternehmen wegen des Preisstops für Strom relativ illiquide sind[1]) und in ihrem Ausbau meist auf langfristige Kredite angewiesen sind, was die Nachfrage ungünstig beeinflußt. Die in Oberfranken massierte Elektroporzellanindustrie liegt verkehrstechnisch infolge der neuen Grenzziehungen in einem toten Winkel, was sich auf die Kosten von Material und Kohle erheblich auswirkt. Im Export muß sie sich gegen die Preise der staatlich subventionierten elektrokeramischen Werke in den Ländern des Ostblocks durchsetzen.

Die Schleifmittel-industrie Die Schleifmittelindustrie nimmt insofern eine Sonderstellung ein, als nur die Herstellung der Schleifscheiben im keramischen Brennprozeß erfolgt. Als Rohstoff dient Elektrokorund[2]) (Normal- und Edelkorund) und Siliciumkarbid, wofür in Westdeutschland mehr als ausreichende Produktionsstätten vorhanden sind.[3]) Bei voller Auslastung sind diese sogar auf einen gewissen Export von künstlichen Schleifrohstoffen angewiesen. Das Produktionsprogramm der Schleifmittelindustrie und ihr Abnehmerkreis setzt sich wie folgt zusammen:

Schleifmittel

Schleifscheiben und sonst. Schleifkörper	Schleifpapiere und Schleifgewebe darunter	Schleifmaterial
mit keramischer / mineralischer / Gummi- / Kunstharz- Bindung	Leimbindung Kunstharzbindung	Schleifpasten Schleifemulsionen Polierpasten Schleifpulver sonst. Schleifmaterial

Hauptabnehmer

Eisenerzeugung Stahlerzeugung Eisenverarbeitung Stahlverarbeitung	Holzverarbeitung (40%) Metallindustrie Lederindustrie Metallverarbeitung Lederverarbeitung Karosseriebau (für wasserfeste Schleifpapiere)	praktisch sämtliche Industriezweige

---

1) Mangelnde Finanzierungsmöglichkeiten über den eigenen Preis.
2) Künstlicher Korund ist reiner und daher dem natürlichen an Schleiffähigkeit überlegen.
3) Daneben wird für Schleifpapiere der Holzbearbeitung auch Flint und Granat verwendet.

Da die Industrie der Hauptabnehmer ist, liegt auch der Schwerpunkt der Schleifmittelindustrie im Rhein-Ruhrgebiet. Das zweite Zentrum im Raume von Frankfurt beruht auf der dortigen Konzentration der Hersteller von Schleifmaschinen, die auch die dazugehörigen Schleifscheiben produzieren.

Gegenüber den ausländischen Schleifmittelherstellern ist die westdeutsche Schleifmittelindustrie insofern benachteiligt, als die Siliciumkarbid- und Korundschmelzen infolge der relativ hohen Strompreise in Westdeutschland teurer arbeiten als viele ausländische[1]).

Schleifmittelerzeugung im Bundesgebiet

Erzeugnis	Mengeneinheit	1950	1951	1952	1953
Schleifmittel insgesamt	1000 DM	.	.	136996	140393
davon					
Schleifscheiben und -körper	t	10901	18363	16770	15148
a) **mit Korund**					
davon					
keramisch und aus Silicat	t	6086[1])	.	10087	9046
aus Kunstharz	t	1235[1])	.	2289	2485
aus Gummi	t	68[1])	.	80	76
aus Magnesit	t	1529[1])	.	1484	873
b) **mit Siliciumcarbid**					
davon					
keramisch und aus Silicat	t	1170[1])	.	2066	1891
aus Kunstharz	t	365[1])	.	604	614
aus Gummi	t		.	160	163
aus Magnesit	t	106[1])	.		
Schleifpapier u. -gewebe sowie Schleifmittel auf sonst. Unterlage	1000 m²	17487[2])	19890[2])	15845	19008
davon					
für Trockenschliff	1000 m²	14476[1])	.	12718	15200
Wasserfeste Schleifpapiere	1000 m²	1743[1])	.	1812	2153
Schuhschleifmittel	1000 m²	1235[1])	.	1250	1527
Schleifmittel auf sonst. Unterlage	1000 m²	35[1])	.	65	128
Sonstiges Schleifmaterial (auch Schleifpulver)	t	4389[1])	.	2858	1799

1) Ohne franz. Zone — 2) Ohne Schleifmittel auf sonstiger Unterlage

Quelle: Industriebericht (Betriebe mit 10 und mehr Beschäftigten)

Die Produktion der Schleifmittelindustrie hat einen beachtlichen Stand erreicht. Dies verdankt sie der unvermindert lebhaften Nachfrage seitens der Industrie und der beträchtlichen Exportausweitung. Wenn die Produktion von Schleifmitteln seit 1952 leicht rückläufig war bzw. stagnierte, dann, weil zunächst die während der Koreahausse aufgestockten Lagerbestände bei Verbrauchern und Händlern konsumiert wurden, ein Prozeß, der Mitte 1953 im wesentlichen abgeschlossen war.

Der Export war eine wesentliche Konjunkturstütze der Schleifmittelindustrie.

Exportquoten der Schleifmittelindustrie
in Prozent des Umsatzes

Jahr	Schleifscheiben	Schleifgewebe und -papiere
1949	4,3	8,3
1950	10,4	15,8
1951	18,1	17,9
1952	15,8	16,6

Quelle: Der Volkswirt Nr. 13, 1953

Die Exportergebnisse sind umso bemerkenswerter, als die Ausfuhr nach den Ländern des Ostblocks durch Ausfuhrverbote für strategisch wichtige Waren behindert ist, während der südamerikanische Raum Importbeschränkungen erlassen hat, was im übrigen auch für den Ster-

---

1) Gegenüber den USA oder Norwegen ist in Westdeutschland 1 kWh Strom drei- bis fünfmal teurer. Für je 1 kg Korund benötigt man etwa 7 bis 8 kWh und für je 1 kg Siliciumkarbid sogar ca. 12 kWh Strom.

lingblock gilt. Gleichzeitig ist zu beachten, daß während des letzten Krieges die Schleifmittelproduktion in vielen Ländern stark ausgebaut wurde (besonders in Großbritannien). So wurde Westdeutschland in der Schleifmittelproduktion der Welt von dem zweiten Platz hinter den USA, die allein mehr als Europa produzieren, auf den dritten Platz zurückgedrängt. Frankreich und Italien folgen Westdeutschland in weitem Abstand.

Ausfuhr von Schleifmitteln
aus dem Bundesgebiet

Land	1936[1]	1949	1950	1951	1952	1953	
	Tonnen						Prozent
Ausfuhr insgesamt . . .	4305	1216	2796	5548	4083	3833	100
davon:							
Schleifscheiben	.	645	1205	3518	2467	1741	45
Schleifpapiere	.	437	1252	1492	1186	1525	40
Schleifgewebe . . .	.	134	339	538	430	567	15

1) Deutsches Reich — einschließlich Schieferpapier

Quelle: Amtliche Außenhandelsstatistik; Verein Deutscher Schleifmittelwerke e.V.

Die Wand- und Bodenfliesenindustrie

Die westdeutsche Wand- und Bodenfliesenindustrie besteht aus 15 Werken, die zusammen eine Jahreskapazität von etwa 8 Mill. qm Wand- und etwa 5 Mill. qm Bodenfliesen aufweisen. Neben den normalen Wand- und Bodenfliesen werden frost- und säurebeständige Wandfliesen, Trennwandfliesen und Formstücke verschiedenster Art erzeugt.

Produktion und Absatz der westdeutschen Wand- und Bodenfliesenindustrie

Jahr	Wandfliesen				
	Erzeugung	Absatz	darunter		
			weiß	elfenbein	farbig
	in 1000 m²		in Prozent		
1950	5472	5150	.	.	.
1951	6628	6223	17	52	16
1952	6466	5983	14	50	21
1953	7231	7103	12	51	23

Jahr	Bodenfliesen				
	Erzeugung	Absatz	darunter		
			10 x 10 cm	15 x 15 cm	Großformate
	in 1000 m²		in Prozent		
1950	2972	2828	.	.	.
1951	3886	3824	45	55	—
1952	3926	3690	43	56	1
1953	4091	4423	42	54	4

Quelle: Fachverband der Keramischen Wand- und Bodenfliesenindustrie e.V.

Die Produktion von Wand- und Bodenfliesen steigt seit 1950 ständig, wobei dieser Anstieg sich etwa entsprechend der Bautätigkeit entwickelte. Bemerkenswert sind die Wandlungen in der Absatzstruktur. Während bei Wand- und Bodenfliesen die farbigen Platten gegenüber der weißen Fliese deutlich an Boden gewinnen, steigt bei den Bodenfliesen die Beliebtheit der größeren Formate.

Es hat sich gezeigt, daß die in neuerer Zeit vielfach entwickelten neuartigen Fußboden- und Wandbeläge aus Glas, Kunststoffen und Holzfaserplatten usw. den Absatz keramischer Wand- und Bodenfliesen bisher nicht zu beeinträchtigen vermochten. Wenn es der Wand- und Bodenfliesen-Industrie gelang, in diesem Konkurrenzkampf zu bestehen, dann ist dies im wesentlichen folgenden Maßnahmen zu verdanken:

1. Umfangreiche Rationalisierungsmaßnahmen — insbesondere der allgemeine Übergang zum Tunnelofen — ermöglichten trotz der Schwankungen der Löhne, Rohstoffpreise usw. eine relativ stetige Preispolitik.
2. Die Qualität der Wand- und Bodenfliesen wurde seit 1948 ständig verbessert, so daß neuerdings die Ausarbeitung entsprechender Normvorschriften in Angriff genommen werden konnte.
3. Durch Vergrößerung des Farbsortimentes entstand ein an die verschiedensten Geschmacksrichtungen angepaßtes Angebot.

Der Auslandsabsatz spielt in der keramischen Wand- und Bodenfliesen-Industrie keine erhebliche Rolle[1]). Soweit exportiert wird, geht die Ausfuhr vor allem nach Italien, Belgien, Großbritannien, Skandinavien und in die Schweiz. Geringere Mengen werden jedoch auch in Übersee abgesetzt, wo der Australische Bund mit Abstand größter Abnehmer ist.

AUSBLICK

Im Vorstehenden wurde dargelegt, wie im Laufe der Jahrtausende aus der Kunst, Ziegel herzustellen und tönernes Geschirr zu erzeugen, allmählich ein Gewerbe entstand, das aus verschiedenen Arten von Ton- d. h. Zersetzungs- und Verwitterungsprodukten feldspathaltiger Steine — durch Drehen, Gießen und Pressen mit nachfolgendem Brennen eine umfangreiche und differenzierte Skala von Bedürfnissen zu befriedigen vermag. Diese Bedürfnisse umfassen vom künstlichen Zahn aus Porzellan über Geschirr und technisches Gerät bis zum Baubedarf weite Bereiche des menschlichen Lebens.

Die Verfahren wurden im Laufe dieser Entwicklung so vervollkommnet, daß an die Stelle reiner Handfertigung verbunden mit einem gewissen Fundus mehr oder weniger zufällig gewonnener Erfahrungen über die Zusammensetzung der Tonmassen und Anordnung des Brennprozesses eine wissenschaftlich bereits gut fundierte Beherrschung der anzuwendenden Rezepte und Methoden getreten ist. Immerhin spielt aber auch heute noch auf vielen Gebieten der keramischen Technik die Fähigkeit des Facharbeiters eine ausschlaggebende Rolle.

Als neueste Phase der Entwicklung des keramischen Gewerbes zur keramischen Industrie erscheinen daher die Bemühungen, durch Technisierung, Automatisierung und Rationalisierung besonders bei keramischen Massenartikeln zur Lösung von der „Kunst" des Facharbeiters zu gelangen, die Produktion ohne Qualitätseinbußen zu beschleunigen und zu verbilligen.

Wenn man beachtet, daß im menschlichen Wirtschaftsleben auf fast allen Gebieten die Lösung von der Verwendung von Roh- und Werkstoffen, wie sie die Natur mehr oder weniger zufällig erzeugt und darbietet, immer stürmischer fortschreitet und die Verwendung von Kunststoffen mit willkürlich gesteuerten Eigenschaften sich immer mehr verstärkt, dann erkennt man, daß das keramische Gewerbe seine Möglichkeiten nicht nur auf dem Gebiet der Fertigungsverfahren, sondern auch bei der Befriedigung der verschiedenen Bedarfsarten noch keineswegs voll ausgeschöpft hat.

Auf dem Gebiet der künstlerischen Gestaltung allerdings wird man auf die Kunstfertigkeit und das Talent des facherfahrenen Menschen niemals verzichten können.

---

1) Im Jahre 1953 wurden bei Wandfliesen etwa 9 %, bei Bodenfliesen etwas über 6 % des Absatzes in das Ausland geliefert.

Printed by Libri Plureos GmbH
in Hamburg, Germany